Whistler

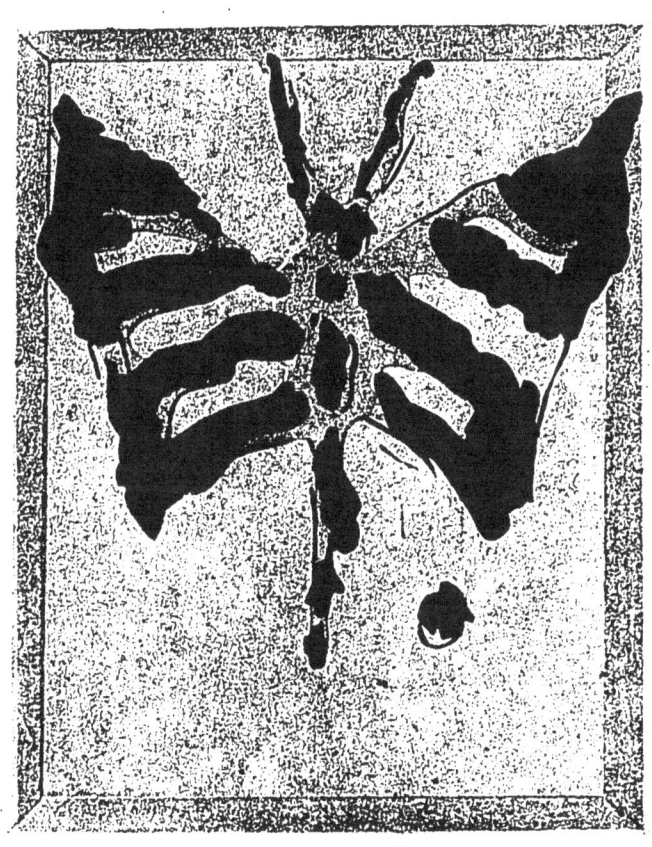

par
Théodore Duret

HISTOIRE
DE
JAMES Mᶜ N. WHISTLER

EDITION DE LUXE

———

Il a été tiré de cet ouvrage CINQUANTE EXEMPLAIRES SUR PAPIER DU JAPON, *avec double suite des gravures hors texte.*

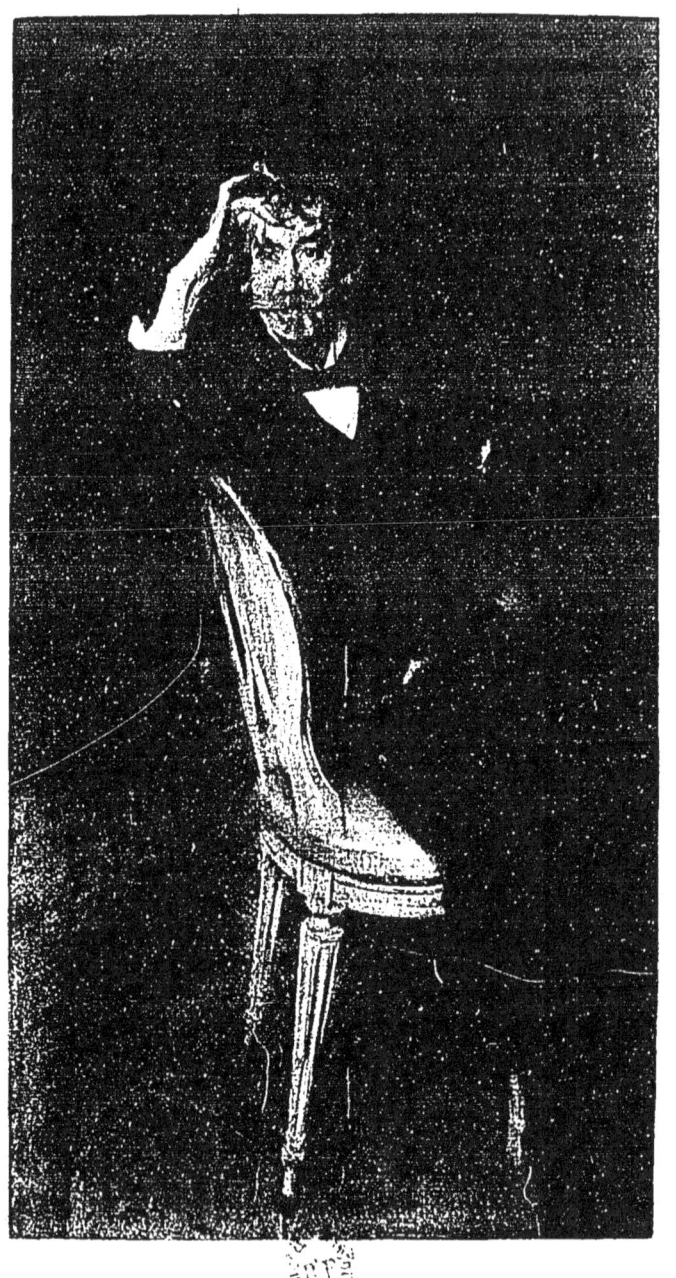

PORTRAIT DE JAMES Mc N. WHISTLER
par Boldini (1897)
Héliogravure

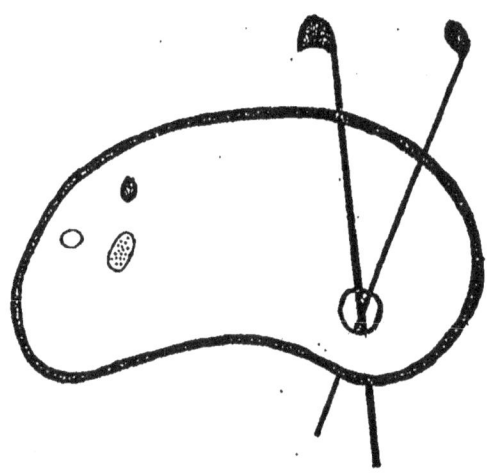

ORIGINAL EN COULEUR
NF Z 43-120-8

HISTOIRE

DE

J. Mᶜ N. WHISTLER

Et de son Œuvre

PAR

THÉODORE DURET

A thing of beauty is a joy for ever.

WHISTLER.

PARIS

H. FLOURY, LIBRAIRE-ÉDITEUR

1, BOULEVARD DES CAPUCINES, 1

1904

ANNÉES DE JEUNESSE

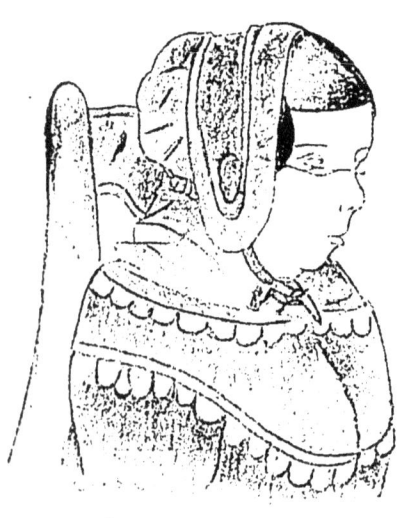

Dessin fait à Saint-Pétersbourg.

Whistler est presque certainement né le 10 juillet 1834 à Lowell, Massachussets. Il y fut certainement baptisé, dans l'église Sainte-Anne, sous les prénoms de James Abbott, le 9 novembre 1834. Il avait pour père George Washington Whistler qui, après des études faites à l'école militaire de West Point, entré comme officier dans l'armée des États-Unis, s'y était élevé au rang de major. Le major Whistler, sorti de l'armée, s'était consacré comme ingénieur à l'établissement de chemins de fer aux États-Unis. Il se fit une grande réputation dans cette carrière et lorsque le gouvernement russe, désireux de construire à son tour des chemins de fer, se résolut à prendre pour auxiliaire un ingénieur américain, ce fut sur lui que son choix se fixa. Il se rendit ainsi, en 1842, avec sa famille en Russie et devint le grand conseil pour le premier chemin de fer entrepris, celui de Moscou à Saint-Pétersbourg. A sa mort, en 1849, sa veuve revint en Amérique, ramenant avec elle ses enfants. Une partie de la jeunesse de James Whistler s'est donc passée à Saint-Pétersbourg.

Le major Whistler s'était marié deux fois. De son premier mariage il avait eu trois enfants, deux fils dont le dernier, ingénieur, mourut en Angleterre en 1869 et une fille mariée à Mr Seymour Haden, médecin, connu depuis comme aquafortiste. De son second mariage avec Mathilda Mac Neill, de Wilmington, il avait eu cinq fils dont l'aîné James Abbott, celui qui nous occupe, devait survivre à tous les autres. Whistler pendant toute sa jeunesse, n'employa d'abord que son prénom de James — Jim ou Jimmy pour les familiers, — mais ensuite il devait adopter le nom de sa mère et, l'ajoutant à ses prénoms de baptême, s'appeler définitivement James Abbott Mac Neill Whistler.

Il entra en juillet 1851, sur les traces de son père, à l'école militaire de West Point, pour y faire ces études qui devaient le mener, lui aussi, au rang d'officier dans l'armée des États-Unis. Mais à l'épreuve, une toute autre vocation que celle des

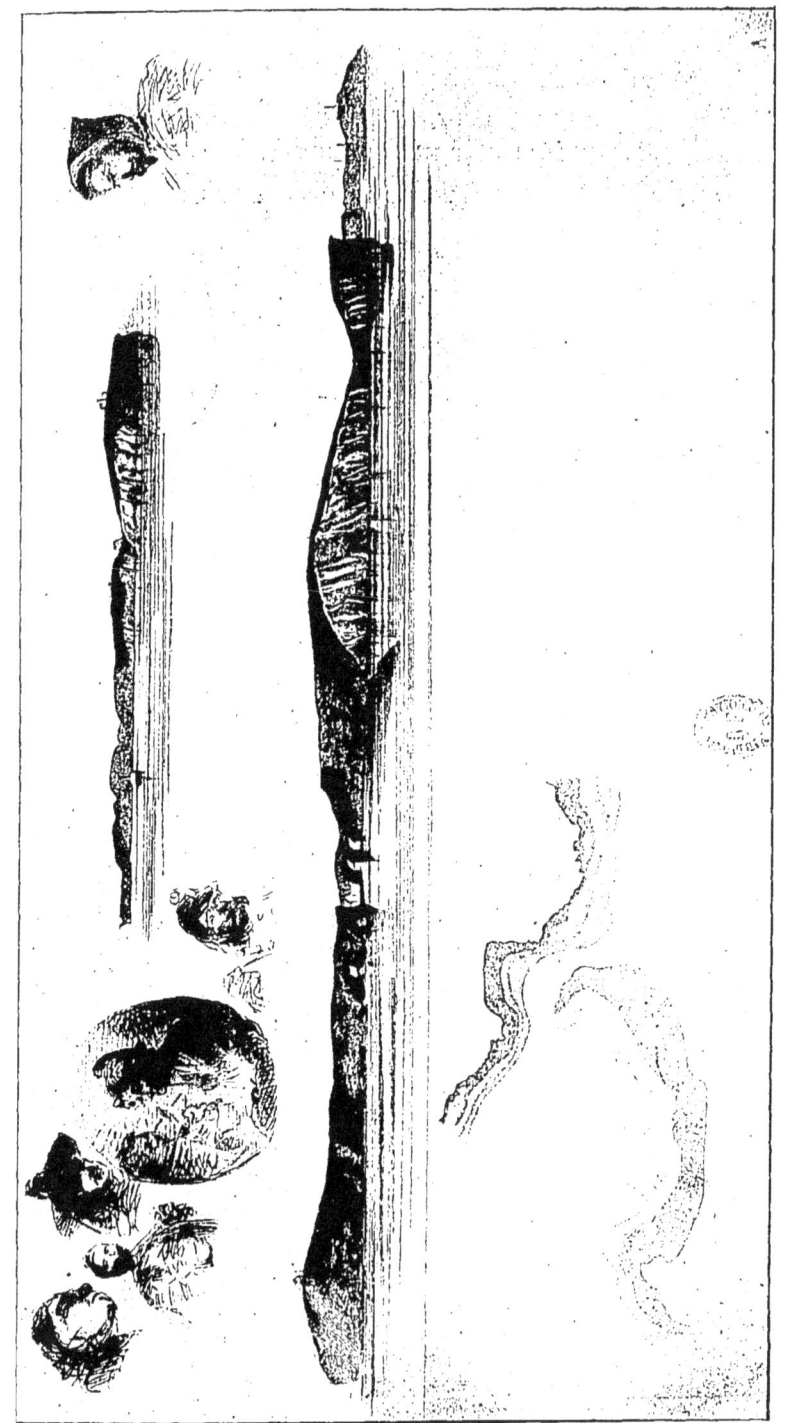

Gravure faite au bureau des cartes marines, à Washington.

armes se déclara. Il se trouva une extraordinaire aptitude pour le dessin et bientôt le maniement du crayon l'absorba et prit le dessus sur toutes les autres études. Il avait commencé à dessiner tout enfant. On a de ses dessins à l'âge de dix ans, entre autres un portrait d'une tante Annie, une sœur de sa mère, qui, en 1844, était venue les visiter à Saint-Pétersbourg. Il envoyait ce portrait en Amérique, à une autre tante Kate. Les dessins qui suivent, faits à West Point, sont déjà très libres et très personnels.

Whistler, dominé par ses goûts artistiques, qui toute sa vie devait être l'indépendance même, ne pouvait s'adapter au régime d'une école militaire. Lorsqu'il eut passé trois ans à West Point, il était clair qu'il manquait des aptitudes requises pour les études qui s'y poursuivaient et qu'il ne pouvait se plier à la discipline sévère et minutieuse qu'on y imposait. On lui signifia donc son renvoi, en juin 1854, motivé sur son indiscipline et sur son insuffisance en chimie. Il faut avouer que si on ne se représente que difficilement Whistler, avec sa manière d'être, amenable à l'obéissance militaire, on ne le voit pas du tout se prêtant à étudier la chimie. Sa vocation artistique et sa nature impulsive le tenaient hors des règles et de l'ordinaire et lui interdisaient une école formaliste.

En janvier 1855, il fut pris comme dessinateur, au bureau des plans et cartes marines du gouvernement, à Washington et il sembla occuper là un poste auquel ses facultés le destinaient. Mais il était comme étranglé dans le dessin des cartes et les restrictions de la topographie devaient lui paraître aussi insupportables que la discipline militaire. On lui avait donné une gravure à exécuter, représentant la vue, prise en mer, des falaises d'une côte. Il s'était fort bien acquitté de la tâche. Après, sa fantaisie l'emportant, il avait ajouté, de son cru, en haut, aux angles de la plaque, des têtes et groupes de personnages, des manières de caricatures. Cette œuvre qui devait être sa première gravure artistique, devait être aussi la dernière qu'il ferait à son bureau. La plaque avec les additions introduites, ne pouvait servir à l'impression sur cartes à laquelle elle était destinée. Il eut à subir les reproches de ses chefs et il devint évident qu'il n'était pas fait pour le travail rigide de la topographie. Il dut donc abandonner le bureau de Washington, comme il avait dû abandonner l'école de West Point.

Sa vocation artistique prenant définitivement le dessus, il quitta alors les États-Unis où il ne devait plus jamais retourner, et, venu à Paris à la fin de 1855, entra dans l'atelier de Gleyre.

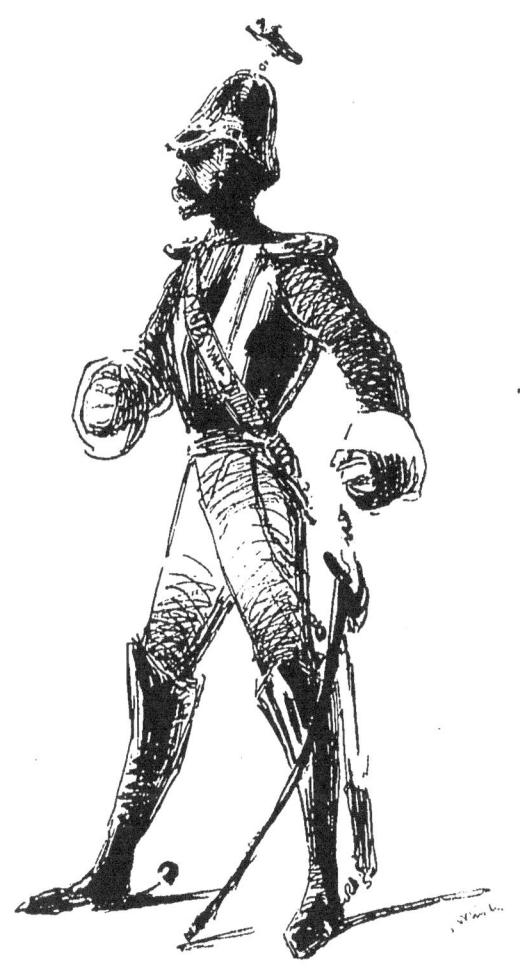

Dessin fait à West Point.

A PARIS

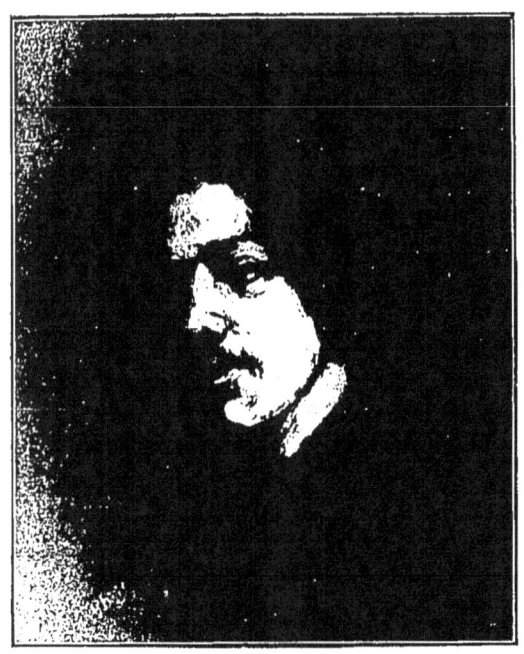

Portrait de Whistler par lui-même, d'après la gravure de Guérard.

Whistler, à Paris, possédait le grand avantage de parler et d'écrire couramment le français, comme une seconde langue naturelle. Il l'avait appris jeune à Saint-Pétersbourg et s'en était servi tout le temps de son séjour en Russie. Il avait contracté l'habitude, qu'il n'a jamais perdue, de semer sa conversation et ses écrits anglais de mots français. Il put donc, grâce à sa connaissance de la langue, se trouver dans le milieu artistique parisien comme chez lui.

Il ne fut point ce que l'on pourrait appeler un bon élève. Il fréquenta l'atelier de Gleyre en irrégulier, peu astreint à suivre la direction du maître, dont il différait par ses tendances et ses idées profondément. Il sut profiter cependant de l'enseignement précis qui s'y donnait et ajouter ainsi une part de technique à celle qu'il avait pu acquérir en Amérique. On a raconté seulement comme souvenir de son passage chez Gleyre, qu'à ce moment lui et Tissot auraient copié côte à côte l'*Angélique* d'Ingres.

Le milieu parisien devait avoir sur Whistler une influence très grande. A l'époque où il y pénétrait, les artistes et les élèves dans les ateliers avaient développé certaines habitudes, qui les distinguaient, qu'ils ont perdues depuis pour devenir d'apparence au moins, semblables à tout le monde. Le genre qu'ils affectaient alors les portait à une sorte de vie gouailleuse; ils aimaient à se faire remarquer par des costumes hors des règles. Ils avaient surtout la prétention de mépriser le commun des mortels et le souci d'étonner, de railler, de bafouer ce qu'ils appelaient les « bourgeois », était chez eux générale. Cette manière d'être spéciale devait gagner Whistler, comme trouvant, en son allure d'artiste, un terrain tout préparé. Sur le gentleman, l'homme qui avait vécu en Russie et en Amérique dans un monde choisi dont il avait pris l'empreinte, venaient ainsi s'enter la coutume d'une pose à part, de costumes fantaisistes, une façon de mépriser et de narguer le *vulgum pecus*, incapable de voir et de sentir en artiste. Cette combinaison des traits distinctifs de l'artiste français, et de la manière d'être d'un gentleman américain, chez un homme d'ailleurs plein de verve, d'esprit et d'originalité, devait faire de lui un être

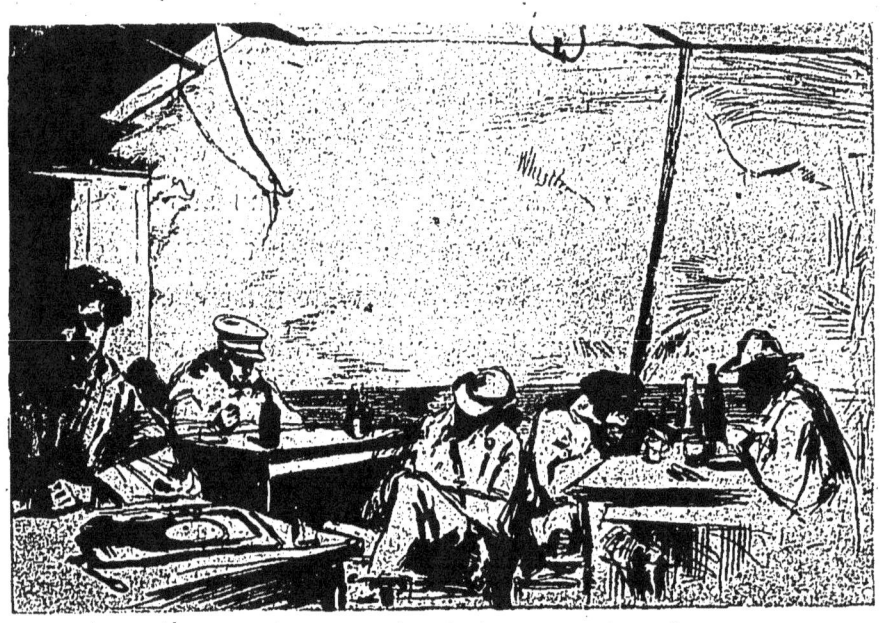

La soupe à trois sous.

hors cadre, qui ne pouvait manquer d'être en tout lieu tout de suite remarqué.

Whistler, venu à Paris, était donc entré de plain-pied dans les mœurs des artistes et ayant noué avec beaucoup des liens de camaraderie et avec plusieurs d'étroite amitié, menait la vie joyeuse et insouciante. Il avait lu en Amérique *La vie de Bohême*, qui avait vivement frappé son imagination. Les héros de Murger lui avaient présenté des mœurs libres et attrayantes, qu'il s'était promis d'adopter en allant à Paris. Il se conduisait donc maintenant en bohême, mais il n'en donnait en réalité qu'une contrefaçon, car le vrai bohême est pauvre et soumis à toutes sortes de privations, tandis qu'il avait de l'aisance. Son père était mort laissant de la fortune. Whistler avait abandonné sa part d'héritage à gérer à son demi-frère aîné l'ingénieur, qui lui faisait une rente de deux ou trois mille francs, et quoique entraîné par le plaisir, il lui arrivât souvent alors de dépasser ses ressources et de tomber dans des embarras d'argent, il n'a jamais connu la vraie misère, comme tant d'autres. Tout en s'amusant, il travaillait. En effet quels qu'aient été les distractions, les luttes, les procès, les polémiques qui aient traversé sa carrière et pris une partie de son temps, il n'a jamais été entièrement distrait de son art, toute sa vie a été prêt au travail et souvent s'y est adonné pour de longues périodes, avec acharnement.

Comme artiste à Paris, il s'était partagé entre l'eau-forte et la peinture. L'eau-forte a cependant été la première qui ait laissé des productions susceptibles d'une chronologie précise, car ses tout premières œuvres de peinture sont aujourd'hui difficiles à retrouver et à classer. 1858 nous le présente au contraire avec une série d'eaux-fortes datées. Dans le nombre, se trouvaient des vues prises au cours d'un voyage en Alsace-Lorraine, poussé jusqu'en Allemagne et fait de compagnie avec un jeune artiste, Delannoy, devenu son ami intime. Ils étaient partis costumés avec des guêtres et de grands chapeaux

HOMMAGE A DELACROIX
par Fantin-Latour. Salon de 1864.
Héliogravure

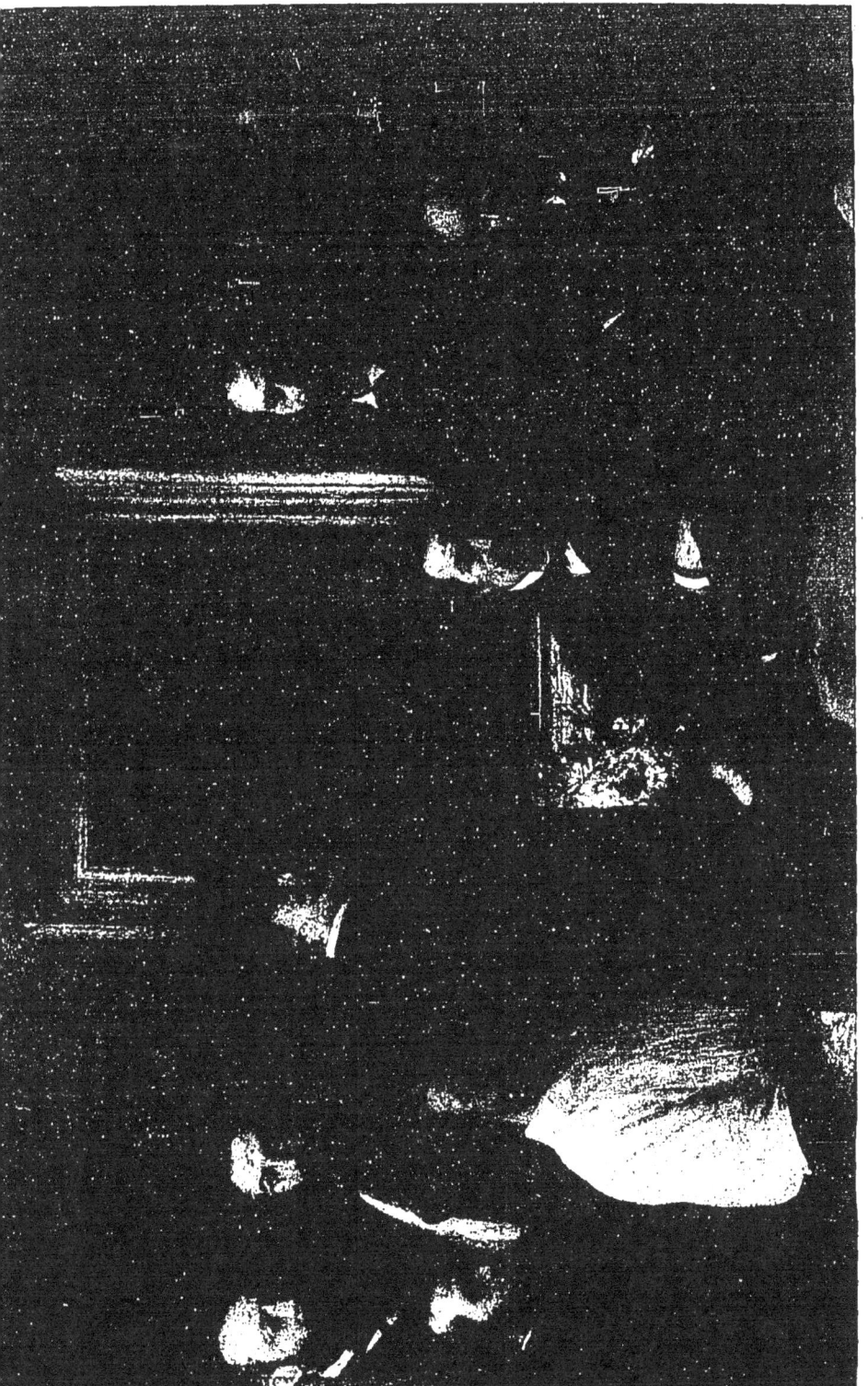

Hommage à Delacroix par Fantin Latour — Salon de 1864

Cordier　Legros　Whistler　　　　Champfleury　Manet　Bracquemond de Balleroy
Duranty　Fantin-Latour　　　　　　　　　　　　　　　　　　Baudelaire

de paille de forme anormale. Whistler s'est représenté ainsi sur l'eau-forte servant de frontispice à la série. Leur voyage à l'aventure avait été plein d'incidents. J'ai entendu raconter à Oulevey, camarade de Whistler à cette époque, que, dans une ville où ils s'étaient trouvés la bourse vide, les deux compagnons avaient fait battre le tambour pour annoncer que des artistes distingués venant de Paris, dessinaient des portraits à trois francs en buste, cinq francs en pied et que l'annonce leur avait amené assez d'amateurs pour se tirer d'embarras. *Si non è vero, è ben trovato.*

Whistler revenu à Paris, ajouta des plaques gravées antérieurement à celles qu'il avait dessinées au cours du voyage et, portant l'ensemble à l'imprimeur Delâtre, obtint une première série de douze eaux-fortes, treize avec le frontispice, connue comme sa série française. Tirée à un petit nombre d'exemplaires, elle fut offerte au prix de cinquante francs. L'auteur demeura son propre éditeur et il se chargea lui-même de la vente. Les additions faites aux vues d'Alsace-Lorraine, *Liverdun*, *Rue à Saverne*, consistaient en motifs empruntés à la vie populaire parisienne : *la Vieille aux loques;* *la Marchande de moutarde; la Cuisine;* en portraits, *Annie* et le *petit Arthur*, sa nièce et son neveu Haden; puis encore *Fumette,* une petite modiste du quartier latin, et enfin *la mère Gérard*. Cette mère Gérard devait avoir reçu de l'instruction, elle faisait des vers. De chute en chute, après avoir tenu un cabinet de lecture, elle s'était vue réduite à vendre des fleurs à la porte du bal

Bullier. Whistler, attiré par son aspect pittoresque, avait senti l'envie de la représenter et pour pouvoir en mieux disposer comme modèle, l'avait tenue longtemps auprès de lui, la promenant par la ville et l'emmenant à la campagne. Il a peint d'elle, en plus du portrait exécuté à l'eau-forte, une tête exposée à la Royal Academy, à Londres, en 1861.

Il continua après cela à faire des eaux-fortes à Paris, entre autres : *Finette*, une créole de mœurs légères qui dansait au bal Bullier; *la Soupe à trois sous*, un pauvre restaurant fréquenté par les misérables. Le jeune homme qui le tenait, nommé Martin, placé sur la gauche de la gravure, s'était acquis de la célébrité, en combattant comme garde mobile, pendant la bataille de juin 1848, à Paris. On l'avait décoré pour faits d'armes et les journaux avaient répandu son nom; mais à la suite d'affaires malheureuses, il avait après cela perdu toute position et, s'était vu réduit à diriger cette gargote. Whistler trouvait aussi l'occasion d'ajouter à ses eaux-fortes, sur les divers points où ses déplacements le conduisaient. Un de ses motifs les plus estimés, *la Forge*, a été pris à Perros-Guirec, en Bretagne, dans l'été de 1861. L'année 1859 voit le commencement de ces œuvres exécutées à Londres, les vues de la Tamise. Il atteint alors comme le point culminant de son art par la perfection de la technique, la légèreté et la souplesse du trait, la vie de l'ensemble. Il pourra faire plus tard, en se renouvelant, des choses de style différent, parfaites dans leur genre, mais qui ne dépasseront pas cependant ces œuvres de début.

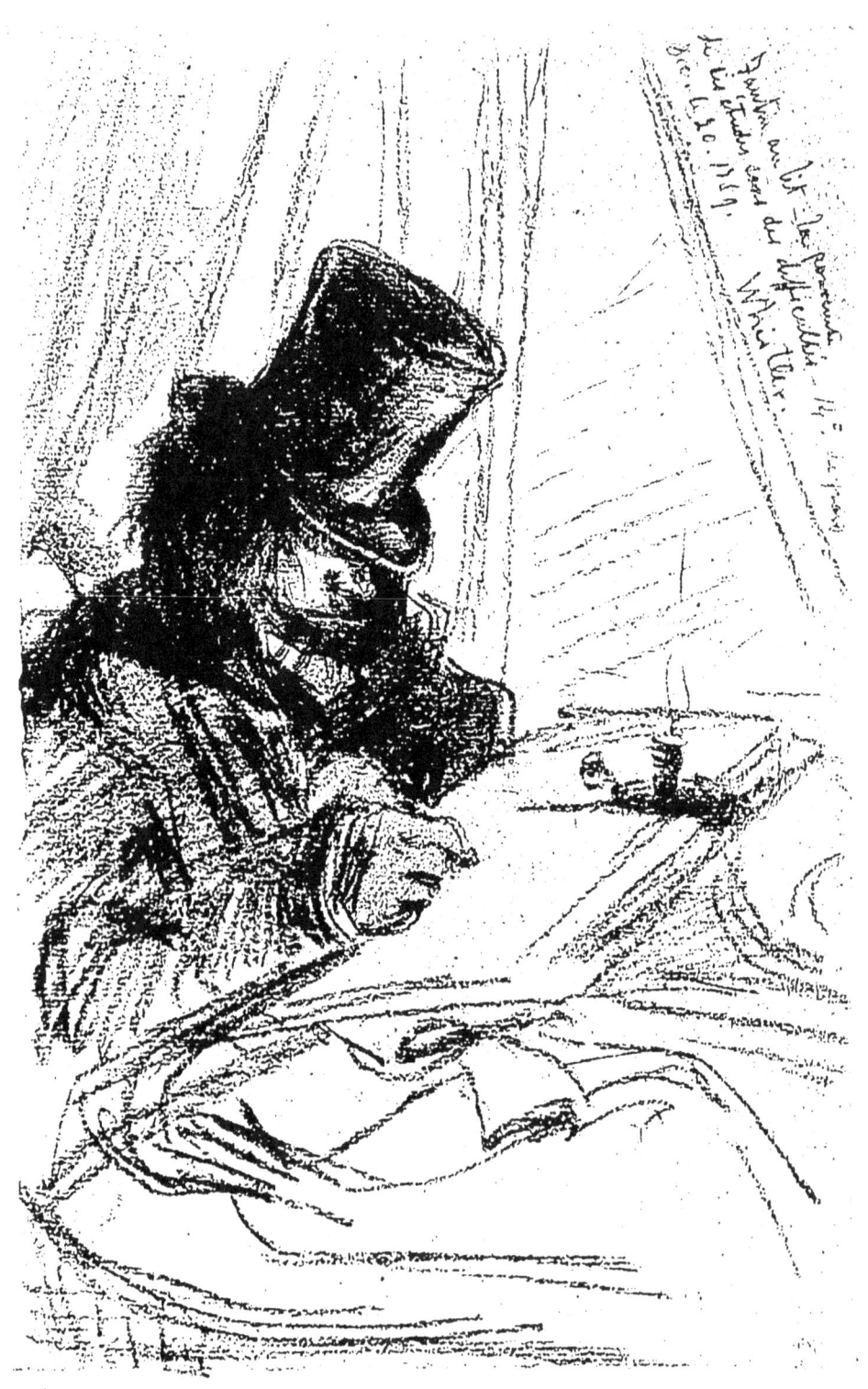

Fantin-Latour travaillant dans son lit.

Une de ses plus belles eaux-fortes de la Tamise *Rotherhithe*, où l'on voit deux têtes de matelots au premier plan et des mâts de navire avec l'eau de la rivière dans le fond, est d'un travail si parfait qu'elle suggère l'idée d'une œuvre produite dans le calme et le recueillement. Bien au contraire, Whistler a dessiné sur son cuivre dans une sorte de magasin, où l'on faisait des réparations. A un moment, une brique tombée du haut presque sur lui, l'amena à se retourner brusquement et la main qui travaillait déviant, mettait perpendiculairement, au milieu de la plaque, un long trait visible sur la gravure.

Whistler s'adonnait à ses eaux-fortes dans les circonstances les plus diverses, traçant directement l'image sur son cuivre sans préparations ou dessins préliminaires. Pour lui, la plaque de cuivre et la pointe étaient ce que sont pour les autres, le papier et la plume ou le crayon. Aussi ses dessins sur papier sont-ils rares, tandis que son œuvre gravée est très considérable. Il faisait mouvoir sa pointe avec sûreté, chaque trait portait et tombait à sa place. Il pouvait ainsi mener rapidement à terme le travail entrepris. Le portrait du sculpteur Drouet, une de ses œuvres les plus caractéristiques de cette époque, a été enlevé en deux séances, cinq heures de pose.

Il était réellement graveur d'instinct et de race. Le vrai graveur doit, sans dissimuler la nature de l'instrument qu'il emploie, en laissant voir au contraire que c'est bien une pointe de métal qu'il manie, ôter à son procédé cette rigidité, ces contours secs, durs et arrêtés, qui paraissent inséparables de l'outil. C'est pourquoi il y a si peu de vrais graveurs. Parce que l'on peut savoir peindre et dessiner sans savoir graver, parce que les aptitudes nécessaires pour faire un graveur sont spéciales. Combien sont nombreux les artistes qui, n'ayant prêté à cette branche de l'art qu'une attention passagère ou qui manquant des aptitudes requises, n'ont donné par l'eau-forte que des œuvres indistinctes. On ne s'aperçoit pas qu'ils aient manié une pointe. Ils ont simplement contrefait des dessins à la plume ou au crayon. Ils n'ont pas su graver. Or, les eaux-fortes de Whistler laissent voir tout de suite qu'elles sont dues à un homme hors de pair dans son art. Elles ont bien le caractère spécial des œuvres obtenues à l'aide d'une pointe rigide, cependant on n'y découvre ni dureté, ni raideur, elles sont toujours souples et légères.

Whistler avait son atelier rue Campagne-Première. C'est là qu'il peignit, parmi ses œuvres de début (1857-1858), son portrait en buste, gravé par H. Guérard. On y découvre l'influence de Rembrandt, dont il était alors très épris. Il avait été particulièrement séduit par la tête de jeune homme de Rembrandt, au Louvre, avec le large béret et les longs cheveux ondulés, et il se plut à exécuter son propre portrait dans la même donnée. Il l'a en effet très empâté, l'opposition de l'ombre et de la lumière y est forte et le chapeau à grands bords et la chevelure touffue, complètent l'analogie.

Il envoya, pour la première fois au Salon, en 1859, un tableau, *Au piano*. Il fut refusé par le jury. Il représentait la demi-sœur du peintre Mme Seymour Haden assise, jouant à un piano, contre lequel sa jeune fille Annie, vêtue de blanc, se tenait debout appuyée. Le refus du jury empêchait Whistler de se produire devant le public, mais il ne l'empêchait pas de recueillir l'approbation de ses camarades et de peintres en renom. D'autres débutants, Fantin-Latour, Legros, Ribot s'étaient vus cette année-là écartés du Salon. Bonvin prit leurs tableaux à tous pour les montrer dans son atelier. Courbet fut un de ceux qui les virent. Il fut surtout frappé par le tableau *Au piano*, dont il fit un vif éloge. Whistler trouva dans ses louanges un grand encouragement et il entretint dès lors avec lui des relations suivies.

Le tableau montré dans l'atelier de Bonvin avait attiré sur Whistler l'attention de tout un groupe. A partir de ce moment, ses camarades qui avaient déjà reconnu son talent comme aquafortiste, surent qu'il était également doué comme peintre. Les jeunes artistes destinés à se faire plus tard un nom, avec lesquels, en ces années de début, il avait surtout lié amitié, étaient Fantin-Latour, Legros peintres et Drouet sculpteur. L'amitié était des plus étroites avec Fantin et, pendant des années ils eurent une sorte de vie commune. Whistler à Paris alla occasionnellement jusqu'à partager la chambre de Fantin, puis, lorsqu'il se fut établi à Londres, il l'y fit venir et le présenta à ses amis et aux gens qui pouvaient lui être utiles.

Il subsiste, entre autres souvenirs de ces vieilles relations, un dessin fait dans de plaisantes circonstances. Un jour d'hiver, en 1859, Whistler entré chez Fantin le trouva qui, pour se préserver du froid, s'était mis dans son lit tout habillé, en gardant étrangement son chapeau à haute forme sur la tête, et qui ainsi se livrait à son travail et dessinait. Whistler

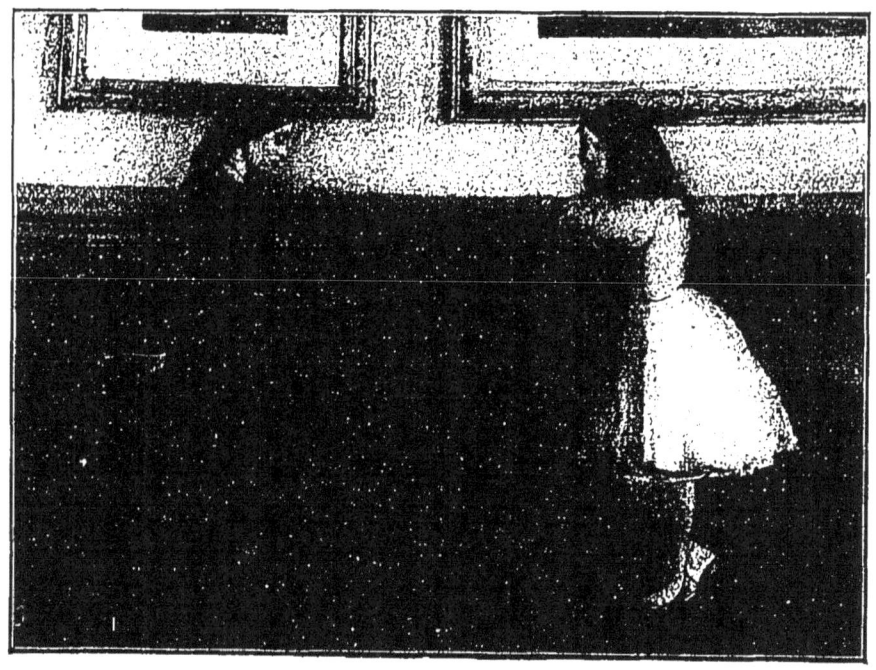

Au piano.

s'amusa à crayonner la petite scène sur un papier que Fantin a conservé. Fantin, de son côté, plaça, quelques années plus tard, Whistler au premier plan de sa grande composition de l'*Hommage à Delacroix*, exposée au Salon en 1864, où sont groupés les hommes qui représentaient alors à Paris, l'originalité et l'avenir. Whistler se trouve là de compagnie avec

Manet, Fantin, Legros, Bracquemont, Baudelaire et Champfleury. Fantin, en 1865, envoya au Salon, un autre groupement d'artistes sous le titre, *le Toast*, où Whistler figurait habillé cette fois-ci d'une robe japonaise. Il détruisit ensuite le tableau mais auparavant y coupa, pour la conserver comme portrait, la tête de Whistler. Elle appartient aujourd'hui à M. Avery, de New-York.

La correspondance de Whistler et de Fantin fut pendant des années de 1861 à 1865 surtout, fort active. Les lettres de Whistler, écrites dans un français rapide, témoignent pour Fantin d'une vive amitié. Whistler prend le plus grand intérêt à tout ce qui le concerne. Il lui marque, par le menu, ses efforts à Londres pour le faire connaître et trouver des acheteurs à sa peinture. Il le tient en outre informé de ses propres voyages et déplacements; il lui donne toutes sortes de détails sur ses travaux, sur les tableaux qu'il projette ou exécute, en accompagnant le texte écrit de croquis.

On apprend, par cette correspondance, que Whistler dans l'été de 1862, se mit en route pour Madrid, avec le désir d'y voir l'œuvre de Velasquez. Il s'arrêta à Guéthary, entre Biarritz et Saint-Jean-de-Luz, séduit par la beauté du lieu et y passa un assez long temps. Il y entreprit plusieurs tableaux, un entre autres important, — une vue de mer — dont il donne un croquis, mais la pluie et les variations de la lumière l'empêchèrent d'en mener aucun à terme. Le séjour à Guéthary ne lui procura rien qui vaille, car il ne parvint point à y travailler

LA FILLE
BLANCHE

Salon des refusés
(1863)
Bois américain.

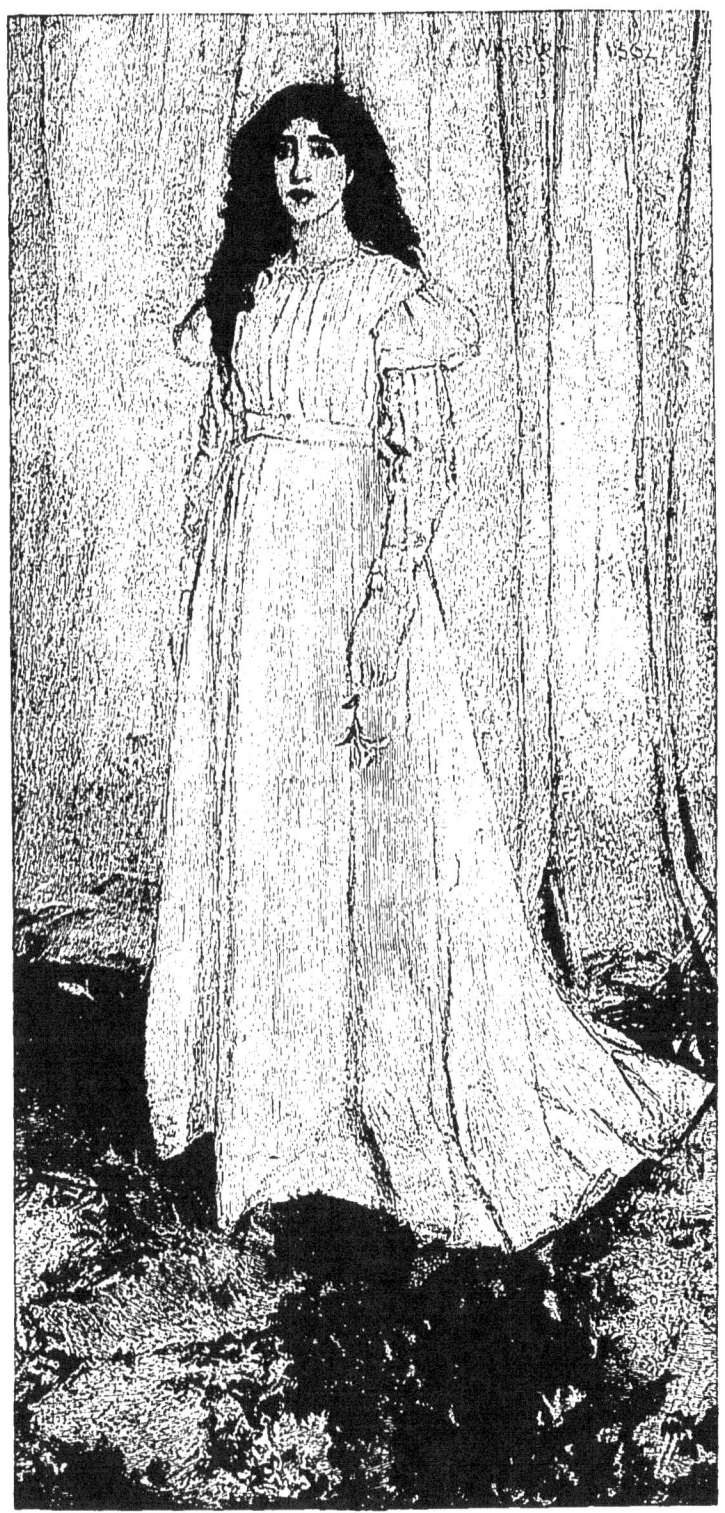

fructueusement, il devait retourner à Paris sans être allé à Madrid et il manqua en outre de se noyer, en se baignant. Il fait à Fantin un récit plein de verve de cet accident : « La mer
« ici est terrible! Je fus emporté par un courant féroce, qui
« m'entraînait dans ces brisants en question et s'il n'avait pas
« été pour mon modèle à la chemise rouge, je laissais la toile
« inachevée. C'est que je fichais mon camp raide. La mer était
« énorme. Le soleil se couchait, tout prêtait à l'occasion, je
« voyais la terre s'éloigner. Une vague de quinze pieds m'ab-
« sorbe, je bois un tonneau d'eau salée, passe à travers pour
« être avalé par une seconde de vingt pieds, dans laquelle je fais
« la roue et suis engouffré dans une troisième. Je nageais, je
« nageais et plus je nageais, moins je m'approchais! Ah! mon
« cher Fantin, de sentir ses efforts inutiles, et des spectateurs
« qui se disaient : Mais ce Monsieur s'amuse, il doit être rude-
« ment fort! — Je crie, je hurle de désespoir — je disparais
« trois, quatre fois. Enfin on comprend. Un brave entrepre-
« neur de chemins de fer accourt et il est roulé deux fois sur la
« plage. — Le baigneur (mon modèle) entend appeler, arrive
« au galop, saute dans la mer comme un Terre-Neuve, par-
« vient à m'attraper une patte et les deux me retirent. »

En 1863, sa correspondance nous le montre une première fois à Amsterdam exprimant son admiration pour la *Ronde de nuit* et son dédain pour Van der Helst, qu'il qualifie de médiocre *nec plus ultra*. Il fit alors cette vue d'Amsterdam à l'eau-forte, prise du Tollhuis.

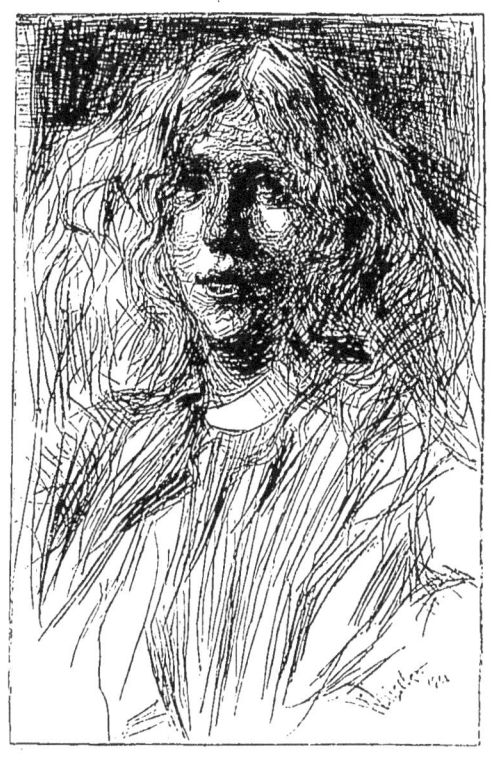

Joe.

Les Salons, avant 1863, ne revenaient que tous les deux ans; il y en avait eu un en 1859, il n'y en eut donc point en 1860. En 1861, Whistler dut rester à l'écart, car il ne figure pas parmi les exposants et je n'ai pu découvrir qu'il ait été refusé cette année-là et, dans ce cas, quel tableau il aurait envoyé. Comme 1862 n'avait pas de Salon, ce ne fut qu'en 1863 qu'il répéta sa première tentative de 1859 d'exposer. Cette fois-ci, il présenta une œuvre, fruit d'un grand effort et dépassant par les dimensions toutes celles qu'il eût jusqu'à ce jour produites, *la Fille blanche*. Elle fut encore refusée par le jury, ennemi alors de toute originalité et ancré dans les vieilles traditions. Mais cette année-là, sur l'intervention de l'empereur Napoléon III, les refusés furent admis à exposer au Palais même de l'Industrie, le lieu où se tenait le Salon officiel et où un emplacement leur fut attribué. Il y eut ainsi par exception, en 1863, un

Salon des refusés qui est resté célèbre. On y voyait Bracquemont, Cals, Cazin, Chintreuil, Fantin-Latour, Harpignies, Jongkind, Jean-Paul Laurens, Legros, Manet, Pissarro, Vollon, Whistler.

La Fille blanche fut au Salon des refusés le tableau le mieux accueilli par les artistes et la critique. C'était une jeune Irlandaise que Whistler avait prise pour modèle. Il a en outre gravé à l'eau-forte d'après elle, une tête connue sous le nom de *Joe*. Courbet l'ayant trouvée auprès de Whistler en 1866, à Trouville, a eu aussi l'occasion de la peindre, avec sa magnifique chevelure. Il en a fait deux portraits, l'un qui s'est appelé *la Belle Irlandaise*, l'autre qui a figuré à l'exposition de ses œuvres à l'École des Beaux-Arts, en 1882, sous le titre de *Jo, femme d'Irlande*.

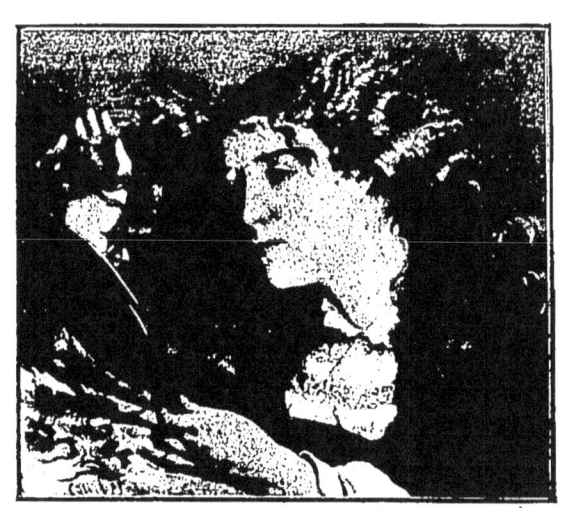

La belle irlandaise, par Courbet.

La fille blanche en pied de grandeur naturelle, vêtue de blanc, se profilait sur un rideau blanc. Les cheveux dénoués lui tombaient sur les épaules et elle tenait de la main gauche, le long du corps, une fleur blanche. Elle avait une expression de figure profonde et mystérieuse. Paul Mantz en a dit, dans *la Gazette des Beaux-Arts* : « La fille blanche de M. James « Whistler est un morceau plein de saveur. Il se dégage de « l'œuvre un charme étrange. » Et Burger-Thoré dans son salon : « L'image est rare, conçue et peinte comme une « vision, qui apparaîtrait non pas à tout le monde, mais à « un poète. » Ernest Chesneau, dans son livre l'*Art et les Artistes modernes*, publié en 1864, a exprimé son attrait : « Je me sens un faible tout particulier pour cette œuvre, qui « n'est pas sans défaut, mais qui révèle des qualités pitto- « resques supérieures, une imagination amoureuse de rêve et « de poésie. » Fernand Desnoyers, dans une brochure qu'il publia sur le Salon des refusés, l'a ainsi décrite : « La peinture « la plus originale, la plus singulière est celle de M. Whistler. « La désignation de son tableau est la *Fille blanche*. C'est le « portrait d'une *spirite*, d'un *medium*. La figure, l'attitude, la « physionomie, la couleur sont étranges. C'est tout à la fois « simple et fantastique. Le visage a une expression tourmentée « et charmante, qui fixe l'attention. Il y quelque chose de « vague et de profond dans le regard de cette jeune fille, qui est « d'une beauté si particulière, que le public ne sait s'il doit la « trouver laide ou jolie. Ce portrait est vivant. C'est une pein- « ture remarquable. »

Whistler, arrivé à l'année 1863, avait donc, comme graveur et comme peintre, montré son originalité et produit des œuvres hors ligne. Il s'était ainsi senti porté, dès ses débuts, vers les deux arts de l'eau-forte et de la peinture et il les avait tout de suite cultivés parallèlement. C'est bien là en effet le mot qui convient, car les deux arts chez lui n'empiètent point l'un sur l'autre. Soit qu'il peigne, soit qu'il grave, il exécute chaque fois, devant le modèle, ou la scène vue, une œuvre originale, destinée à ne point être répétée par un autre procédé que celui auquel elle doit naissance. Il poursuivra toute sa vie les deux arts de la même manière. Le graveur et le peintre formeront constamment le double aspect de sa personnalité.

Whistler, à partir de 1859, avait fait la navette entre Paris et Londres, partageant son temps entre les deux villes. En 1863, il fixe sa résidence à Londres.

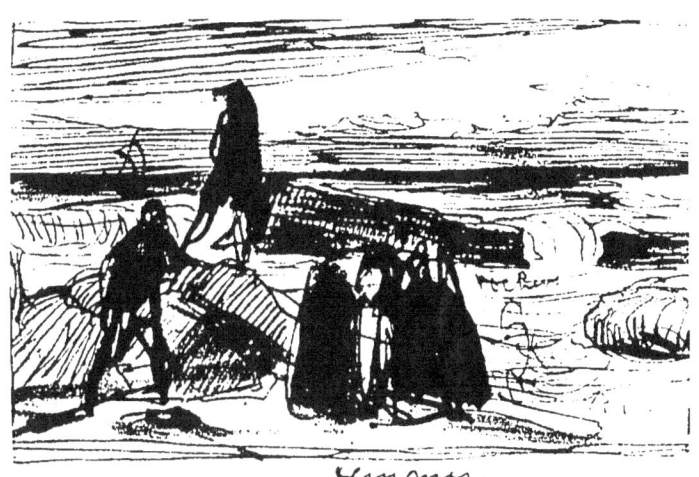

Croquis fait à Guéthary.

A LONDRES

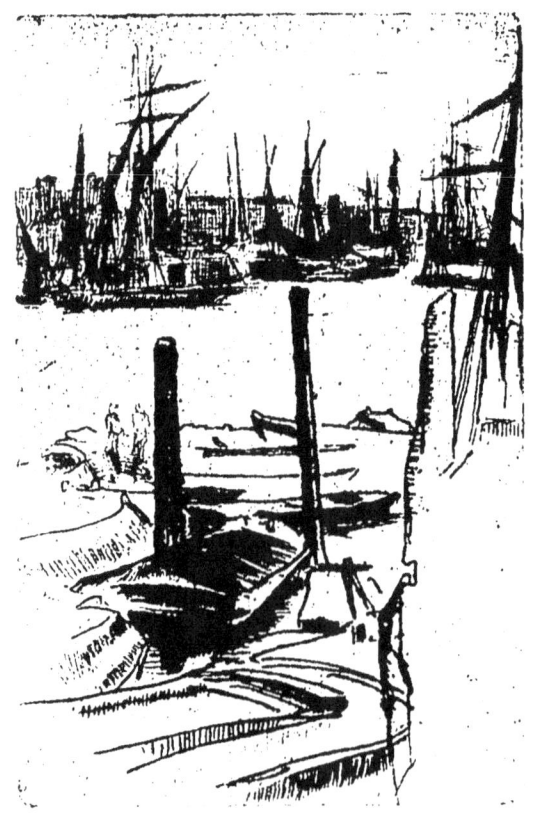

The little pool.

Whistler en venant vivre à Londres y rejoignait sa famille. Il y trouvait un de ses demi-frères, ingénieur, sa demi-sœur Mme Seymour Haden et sa propre mère qui, ayant quitté l'Amérique, y demeurait avec son second fils William. Celui-ci devait s'y faire une position comme médecin.

Alors qu'il se tenait encore principalement à Paris, Whistler avait déjà travaillé à Londres et il s'y était produit aux expositions. En 1859 il avait commencé ses vues de la

Tamise à l'eau-forte et cette même année, il avait envoyé des œuvres gravées à l'exposition de la Royal Academy. En 1860, il y mettait son tableau *Au piano*. En 1862, il donnait, comme illustrations, au journal hebdomadaire *Once a week*, quatre dessins gravés sur bois par Swain et il en donnait deux autres au périodique *Good words*, gravés aussi sur bois par Dalziel. Les dix années qui suivent son établissement à Londres voient survenir des créations variées et puissantes. Il produira, dans les divers genres vers lesquels ses dons le portaient, des œuvres où il développera la pleine originalité de sa nature.

Il avait été vivement frappé par la gamme décorative du coloris japonais. Il va se l'approprier en peignant plusieurs tableaux, où il placera des costumes et des accessoires japonais, reproduits dans toute la franchise de leurs tons. Puis il deviendra un grand amateur de la porcelaine bleue et blanche chinoise, qui sera ensuite recherchée à Londres en partie à son exemple. On a prétendu que ce goût particulier était d'abord venu à Rossetti, de qui Whistler l'aurait reçu. Toujours est-il que le goût leur a été commun, qu'ils se sont livrés simultanément au plaisir de la collection et la question de savoir quel a été l'initiateur ne saurait, je crois, être tranchée. Ce qui est certain, c'est que Whistler aimera à orner sa maison à l'aide de la porcelaine bleue et blanche chinoise et qu'il l'introduira, comme objet décoratif, dans les intérieurs arrangés par lui ou meublés d'après ses conseils.

PORTRAIT DE DROÜET
Sculpteur
D'après l'eau-forte

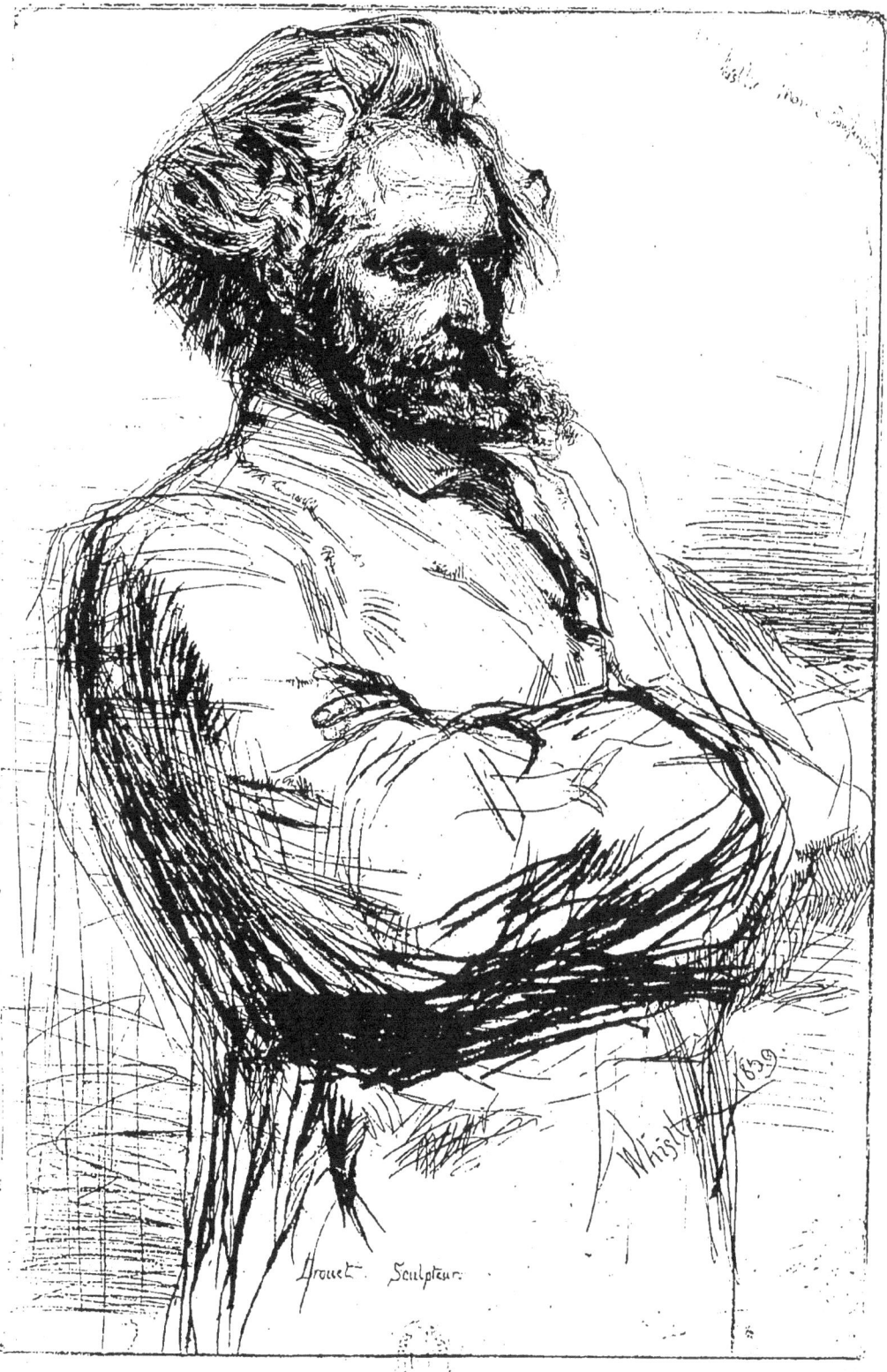

En 1864, il peint, sous ces influences, l'*Écran doré* ; une jeune femme assise, vêtue à la japonaise se profile sur un fond semé d'objets au coloris varié. Il peint, dans le même temps, la *Princesse du pays de la porcelaine*, beaucoup plus importante que la précédente. La femme, de grandeur naturelle, se tient debout, vêtue d'une robe japonaise à couleurs éclatantes. Le titre indique que l'artiste a voulu se maintenir dans la fantaisie. Sa princesse demeure, avec son costume oriental, tout ce qu'il y a de plus européen, par son visage et l'expression mélancolique et alanguie de ses traits. Whistler avait fait poser en cette occasion, qui devait rester unique, Mlle Christine Spartali et le tableau est en réalité son portrait. Christine Spartali avait une sœur, Marie, devenue Mme Stillman. Celle-ci a été élève de Rossetti, qui, l'employant comme modèle, l'a introduite, plus ou moins modifiée, dans nombre de ses tableaux et a fait, directement d'après elle, une de ses œuvres les plus connues, *Fiammetta*. Il se trouve ainsi que la *Princesse du pays de la porcelaine* présente par l'air de famille particulier commun aux deux sœurs, Christine et Marie Spartali, un type propre à Rossetti. C'est sans doute cette circonstance qui a fait dire que Whistler, à un moment donné, avait subi son influence. Mais la conformité apparente entre les deux artistes n'est due qu'à l'emploi de modèles d'une physionomie semblable très tranchée, car, en regardant de près à la peinture et aux procédés, on ne découvre chez Whistler aucune trace d'emprunt fait à Rossetti. La *Princesse du pays de la porcelaine*, reçue au Salon, en 1865, fut la première œuvre de son auteur exposée à un salon officiel parisien. Whistler a encore peint, dans la même donnée que les tableaux précédents, *The lange leizen* exposé à la Royal Academy en 1864, et *Le Balcon*, son œuvre peut-être la plus franchement japonaise qu'il ait faite, exposée à la Royale Academy en 1870. Des femmes vêtues de robes japonaises multicolores sont groupées sur un balcon.

Il peint à la même époque, mais alors en se tenant à son ancienne manière et en n'introduisant dans le tableau de japonais qu'un éventail, *La petite fille blanche*, dénommée aussi *Symphonie en blanc n° 2*, exposée à la Royal Academy en 1865. Cette petite fille blanche, comme la *Fille blanche*, montrée au Salon des refusés à Paris, en 1863, tirait son nom de son vêtement blanc. C'est une œuvre pleine de charme, d'une grande intensité de vie. La jeune fille, sujet du tableau, blonde et mélancolique, est debout, un bras appuyé sur le manteau d'une cheminée, l'autre tombant le long du corps, un éventail japonais à la main. Au-dessus de la cheminée est peinte une glace dans laquelle la tête se reflète. Swinburne, après avoir vu le tableau dans l'atelier de Whistler, composa pour le célébrer un poème *Devant le miroir*, compris plus tard dans ses *Poèmes et Ballades*.

> Come snow, come wind or thunder
> High up in air,
> I watch my face and wonder
> At my bright hair.

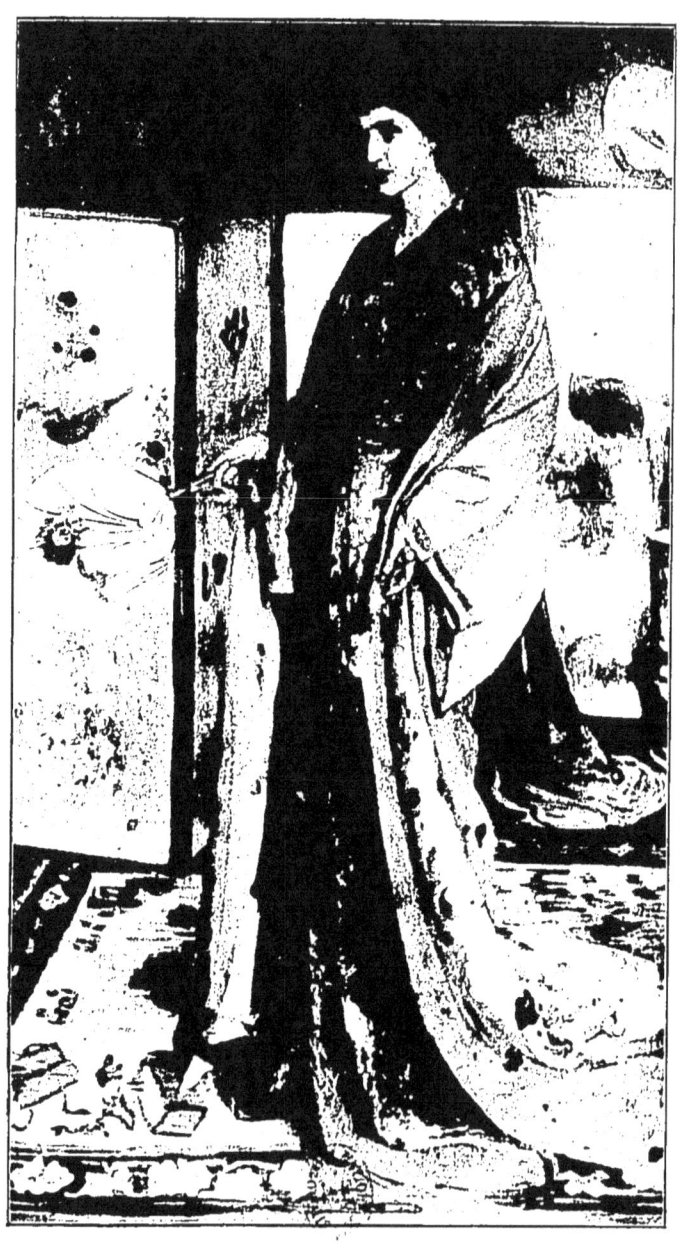

La princesse du pays de la porcelaine.

Nought else exalts or grieves
The rose at heart, that heaves
With love of her own leaves, and lips that pair.

I cannot tell what pleasures
Or what pains were,
What pale new loves and treasures
New years will bear,
What beam will fall, what shower,
With grief or joy for dower,
But one thing knows the flower, the flower is fair.

Il peint encore *La Symphonie en blanc n° 3*, exposée à la Royal Academy en 1867. Deux jeunes femmes enveloppées dans les plis flottants de longues robes blanches, sont nonchalamment appuyées sur un canapé qui leur sert de fond et dont le ton s'harmonise avec celui qu'elles forment elles-mêmes, pendant qu'un éventail sur le plancher et les fleurs d'une azalée dans un angle, mettent des points colorés sur le blanc général de la toile.

Il entre à cette époque en plein dans la peinture de portrait, à laquelle il s'adonnera maintenant jusqu'à la fin et qui formera une part décisive de sa production. Il a conçu ses portraits d'une manière essentiellement artistique. Il n'a pas seulement voulu y rendre des physionomies et des types humains, il s'est aussi appliqué à y réaliser des combinaisons de coloris et des arrangements de pure peinture. Il exécute, dans ces données, deux portraits particulièrement importants, ceux de sa mère et de Carlyle. Les tableaux de *La petite fille blanche* et de la *Symphonie en blanc, n° 3*, avaient été peints dans une gamme de tons très clairs, en pleine lumière; ils représentaient des jeunes femmes dans tout l'éclat de leur fraîcheur. Ayant maintenant à rendre des vieillards, il choisit, comme moyen approprié, un arrangement de tons sévères, où le noir se mariera avec le gris, formant une enveloppe générale. Il faisait de préférence poser ses modèles debout, il les peignait presque toujours en pied, mais il ne pouvait penser à infliger à des vieillards la fatigue de la station debout prolongée. Il a donc trouvé pour eux une pose de repos très simple, que cependant on n'avait pas encore vue. Il les a placés de profil, assis sur une chaise. On ne peut manquer d'être ému devant le portrait de sa mère. Cette vieille dame dans son attitude si naturelle, les mains croisées si simplement sur les genoux, est comme l'image même de la vieillesse, avec sa dignité, sa tristesse et sa résignation.

Quoique la pose dans le portrait de Carlyle fût au fond la même que dans celui de sa mère, il avait évité la répétition pure et simple de son premier effet, en faisant appuyer la main droite du modèle sur une canne, en lui mettant son chapeau de feutre sur les genoux et en lui drapant les jambes d'un manteau. Il ne faudrait pas donner à Carlyle le crédit de s'être fait peindre par Whistler, après avoir reconnu son mérite et pour avoir son portrait exécuté par un grand artiste. Carlyle, qu'on a accusé d'être fermé aux charmes de la peinture, qu'on a même dit nourrir pour les peintres un véritable

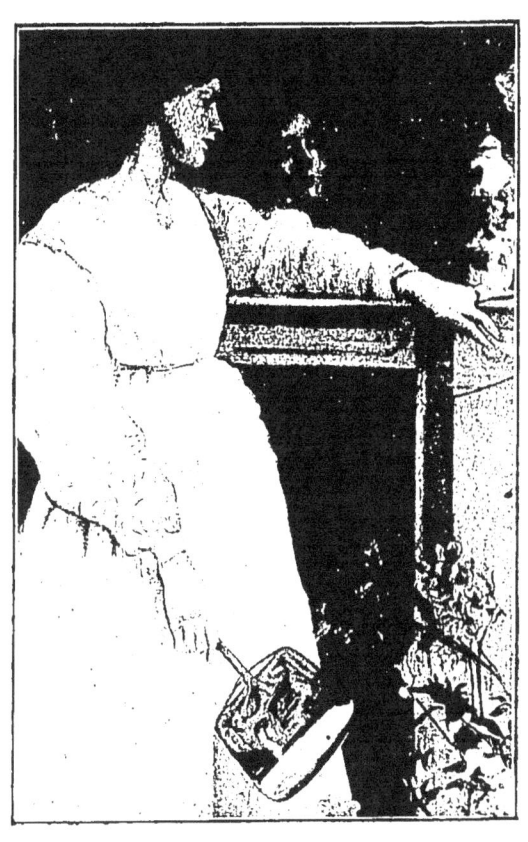

La petite fille blanche.

dédain, s'était abandonné à Whistler, surtout en qualité de voisin et parce qu'il habitait à Cheyne-Walk, Chelsea, une maison proche de la sienne. Whistler, après avoir fait sa connaissance, lui avait demandé de peindre son portrait et le vieillard jouissait, comme d'un délassement, des heures que, dans le voisinage, assis et causant, il passait chez le peintre. C'est ainsi que, probablement sans qu'il s'en soit rendu compte, il a laissé faire le plus beau portrait qu'on ait de lui.

Chelsea où Carlyle et Whistler habitaient, à Cheyne-Walk était alors un paisible quartier, une sorte de faubourg comme isolé de Londres. Cheyne-Walk consistait en une rangée de vieilles et pittoresques maisons, ayant par-devant une plantation d'arbres avec une pelouse, qui touchait presque la Tamise. Les motifs s'offraient là tout naturellement à un peintre. La Tamise, la vieille église de Chelsea avec son clocher carré, le pont de gros poteaux de Battersea, que Whistler devait introduire dans ses eaux-fortes et ses tableaux, étaient tout le temps à Cheyne-Walk, devant ses yeux. Ce lieu tranquille et original plaisait particulièrement aux artistes et, outre Carlyle et Whistler, Rossetti, Swinburne, George Meredith y ont, à cette époque, résidé. On a érigé une statue à Carlyle, en face de la maison qu'il avait occupée et où il est mort.

Après avoir peint le portrait de sa mère, en 1871-1872 et au moment où il peignait celui de Carlyle, Whistler avait entrepris les portraits des filles aînées de M. W.-C. Alexander. Il avait fait poser les deux sœurs presque simultanément, peignant l'aînée (Agnès-Mary) dans un arrangement sombre de gris et la seconde (Cecily-Henrietta) dans une harmonie claire, de gris et de vert. Mais comme il venait de peindre sa mère en tons sombres et qu'il peignait Carlyle de même, le portrait de l'aînée des deux sœurs se trouva constituer la troisième œuvre d'une même gamme. Il aimait à varier le plus possible ses effets, à ne pas se répéter et le portrait de la seconde en clair, différant des autres, fut celui sur lequel il s'appliqua de préférence, pour le mener tout de suite à son point de complet achèvement. Le portrait de l'aînée sombre, resté en retard n'a pu ensuite être repris, par suite d'une maladie du modèle, et quoique l'œuvre soit d'une belle venue, elle se présente toujours à l'état inachevé.

D'après l'habitude anglaise, où la fille aînée a seule droit de prendre le nom du père sans prénom spécial, c'est le portrait sombre qui eût dû recevoir le titre de Miss Alexander, mais inachevé, il est demeuré presque inconnu et c'est l'autre, en clair, de la seconde fille, auquel le titre a été définitivement donné. Miss Alexander (Cecily-Henrietta) debout, vêtue d'une courte robe blanche, avec des ajustements noirs et gris, tient son large chapeau à plumes à la main. Le ton clair du tableau, d'une gamme particulière, lui donnait un caractère absolument *sui generis*, qui le destinait d'abord à être très maltraité par la critique. Le père de la jeune fille, Mʳ W.-C. Alexander, homme riche et éclairé, s'était, un des premiers en Angleterre, senti attiré par les productions de l'art japonais et il en avait rempli sa maison. Il avait en même temps su comprendre Whistler, lui laissant toute latitude de peindre ses filles selon ses idées et son invention. Aux portraits des deux aînées, Whistler devait même ajouter celui de la troisième, Grace, mais il n'est résulté de ce projet qu'un petit croquis.

Whistler inaugure maintenant une de ses gammes de coloris les plus osées et les plus personnelles, celle des noirs absolument noirs donnés pour fond aux tableaux. Le noir n'est point introduit ici comme repoussoir, en opposition avec des parties claires. Il est mis comme une couleur propre, portée à toute sa puissance et destinée à rester la note dominante. Je crois que le tout premier tableau qu'il ait peint ainsi est l'*Arrangement en blanc et noir n° 1*, exposé à la Grosvenor Gallery en 1878 et longtemps demeuré dans la collection du Dʳ Linde,

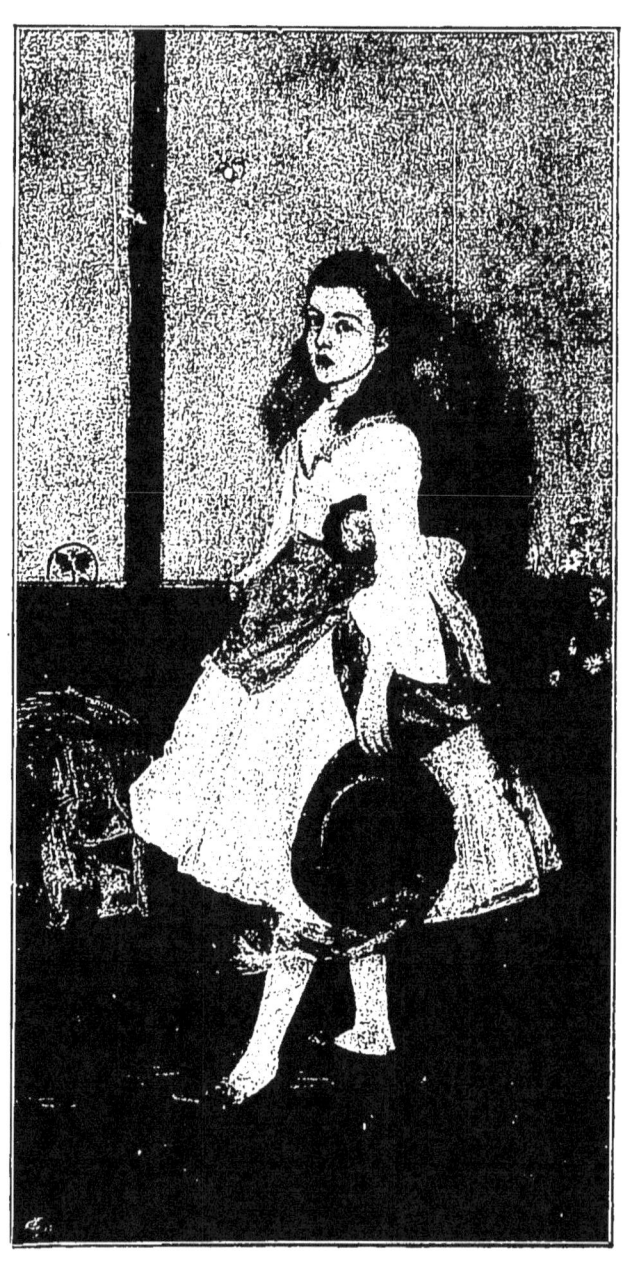

Portrait de Miss Alexander (Cecily Henrietta).
Harmonie en gris et vert.

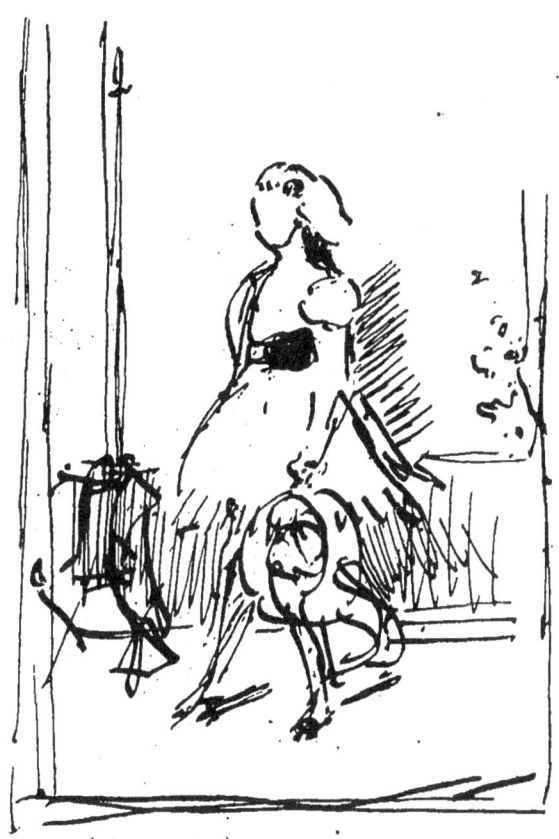

Croquis du portrait de Miss Alexander (Cecily-Henrietta).

à Lubeck. Il représente une jeune femme connue en Allemagne sous le nom de *l'Américaine*. Elle est debout, de face, pleine d'action et de mouvement, vêtue de gris, un boa noir autour du cou, les deux bras appuyés sur les hanches. Le fond de la toile est d'un noir profond. M. Heilbut, dans le journal d'art de Berlin, *Kunst und Künstler*, a donné la description de la collection du D. Linde et, venant à parler de l'œuvre de Whistler, en a dit : « Cette fille américaine, dans son étrangeté, ne sort pas du fond, mais bien plutôt nous y entraîne. Elle se tient là devant nous, jusqu'à ce qu'habitués à l'ombre qui l'enveloppe, nous puissions distinguer, outre les formes générales, les détails qui, sans être peints, finissent par être évoqués. L'originalité de Whistler apparaît ici dans sa plénitude. »

La combinaison des fonds noirs une fois trouvée devait

devenir la manière préférée de Whistler, celle qu'il répéterait le plus souvent. Elle lui permettait en effet de rendre saisissable sur la toile la part de mystère, les formes enveloppées et fantastiques, qui répondaient à sa vision.

Concurremment à *l'Américaine*, il peignait alors, en arrangements de noir, *Miss Rosa Corder*, une artiste peintre, désinvolte, des trois quarts, de dos; la *Jaquette de fourrure*, une jeune femme debout, mélancolique et élégante; l'acteur Irving, dans le rôle de Philippe II, campé sur ses jambes, de la façon comme saccadée qui lui était propre à la scène. En 1877, il peignait encore sur fond noir, Mme Louis Huth, une femme pleine de distinction.

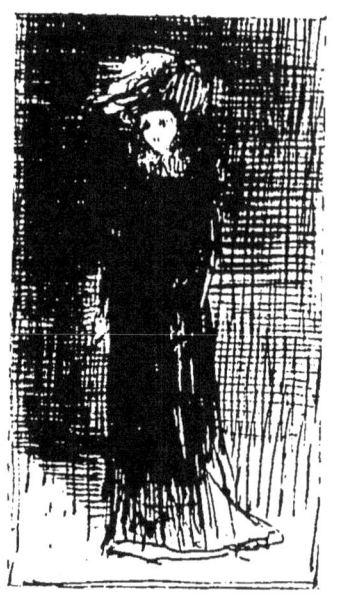

Miss Alexander (Agnès Mary).

Pendant les années où Whistler produisait ces nombreux tableaux, il avait aussi ajouté à ses eaux-fortes et de ce temps sont des vues et des personnages divers. Il publiait, en 1871, chez Ellis et Green, une série de seize planches, connue comme sa série anglaise, formée principalement de vues de la Tamise, à Londres, successivement produites. En haut de la rivière, l'église de Chelsea, les ponts de Hungerforth et de Westminster, les magasins où se déchargent les marchandiscs, l'enfilade des allèges et des gabarres à sec sur la rive, plus bas, les navires amarrés contre les docks ou les bateaux de pêche, apportant le poisson au grand marché de Billingsgate. Ces vues de la Tamise sont de ces rares créations qui, dans leur minutieuse exactitude, ont été maintenues puissantes et donnent l'âme même des choses. Elles ressemblent à ces tableaux des maîtres hollandais d'une extraordinaire fidélité, qui font que, quand on se trouve en présence des scènes représentées, par une sorte de transposition, on en attribue la réalité vivante comme au peintre même, si bien que devant une prairie hollandaise avec des troupeaux, on s'écriera : Voilà un Cuyp ! Des exclamations analogues ont été poussées par des critiques familiers avec les œuvres de Whistler, particulièrement les nocturnes, l'Allemand Muther et le Français Gustave Geffroy qui nous apprennent, chacun à part soi et sans s'être concertés, qu'en traversant la Manche la nuit, arrivés sur la côte anglaise, à l'apparition des lumières pointant dans la brume et l'obscurité, ils s'étaient écriés : Voilà un Whistler ! Les vues de la Tamise ont dû amener des suggestions du

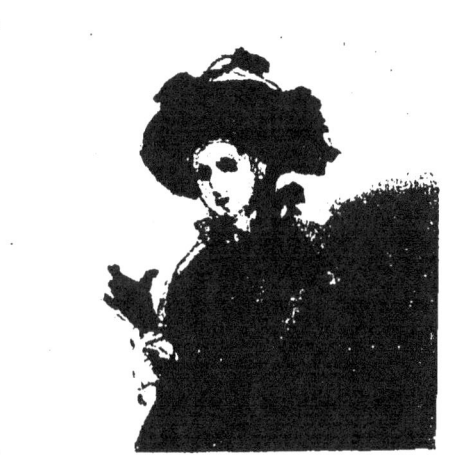

Miss Alexander (Agnès Mary).

même ordre, avant les changements survenus dans les lieux.

Cependant, chose singulière! elles frappèrent d'abord le public anglais par un côté d'inattendu et de nouveauté. Les artistes avaient négligé d'abaisser les yeux sur cet aspect familier des choses. Le Londres bâti et affairé avait été méconnu comme vulgaire et prosaïque. Quand on voulait peindre ou dessiner la Tamise, on remontait vers Richmond, vers Henley où l'on découvrait ces campagnes auxquelles on attribuait seules les mérites de la dignité et du pittoresque. Mais comme ce sont les artistes qui tirent d'eux la beauté et le charme que laissent voir leurs œuvres, dès que Whistler eut reproduit ces aspects de la Tamise à Londres qui avaient paru

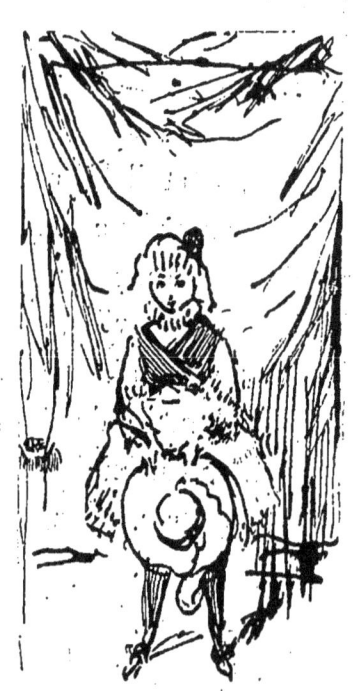

Miss Grace Alexander.

si ternes et si vulgaires, on s'aperçut combien ils offraient d'attrait et, après lui, de nombreux imitateurs donnèrent, par la pointe et le pinceau, le Londres fluvial négligé jusqu'alors.

Whistler ne s'était pas borné à représenter la Tamise et ses bords à l'eau-forte, il les avait encore reproduits dans des tableaux, tels que *Le vieux pont de Battersea*, *La Tamise gelée*,

Chelsea dans la glace. Outre les tableaux que l'on possède de lui, ayant pour sujet ou pour fond la Tamise, il a dû en entreprendre certains autres, qui n'ont pas été exécutés ou qui, s'ils l'ont été, ont ensuite été détruits. Dans une lettre à Fantin, il lui dit, en effet, qu'il voudrait « l'avoir devant un tableau sur lequel il compte bigrement et qui doit être un chef-d'œuvre, » et il lui en donne un croquis que nous reproduisons, auquel ne correspond, il nous semble, aucune peinture de lui connue. Dans les étés de 1865 et de 1866, il joignait Courbet, à Trouville, qui y peignait des plages avec de vastes ciels et, sous son influence, il en peignait aussi; sur l'une d'elle, il a placé l'image de Courbet. Il exécutait enfin de véritables marines, en particulier, à Valparaiso, dans l'Amérique du Sud, où un voyage en mer, par raison de santé, l'avait conduit.

Pendant les années qui suivent sa venue à Londres, il produit donc de nombreuses œuvres, de plus en plus originales et variées. Il tient divers chemins, qui conduisent comme à des terres inexplorées. Mais la grande originalité et la véritable invention en peinture, ne se font point accepter tout d'abord; pour être admises, elles demandent généralement un long temps et une lutte prolongée. Whistler à mesure donc qu'il se développait, loin d'obtenir la faveur publique, voyait au contraire lui manquer la bienveillance et l'encouragement qu'il avait pu d'abord en partie rencontrer. Si ses premiers tableaux envoyés aux expositions de la Royal Academy avaient été reçus sans difficulté, si son tableau *Au piano* exposé

VUE DE LA TAMISE
Black Lion wharf
D'après l'eau-forte

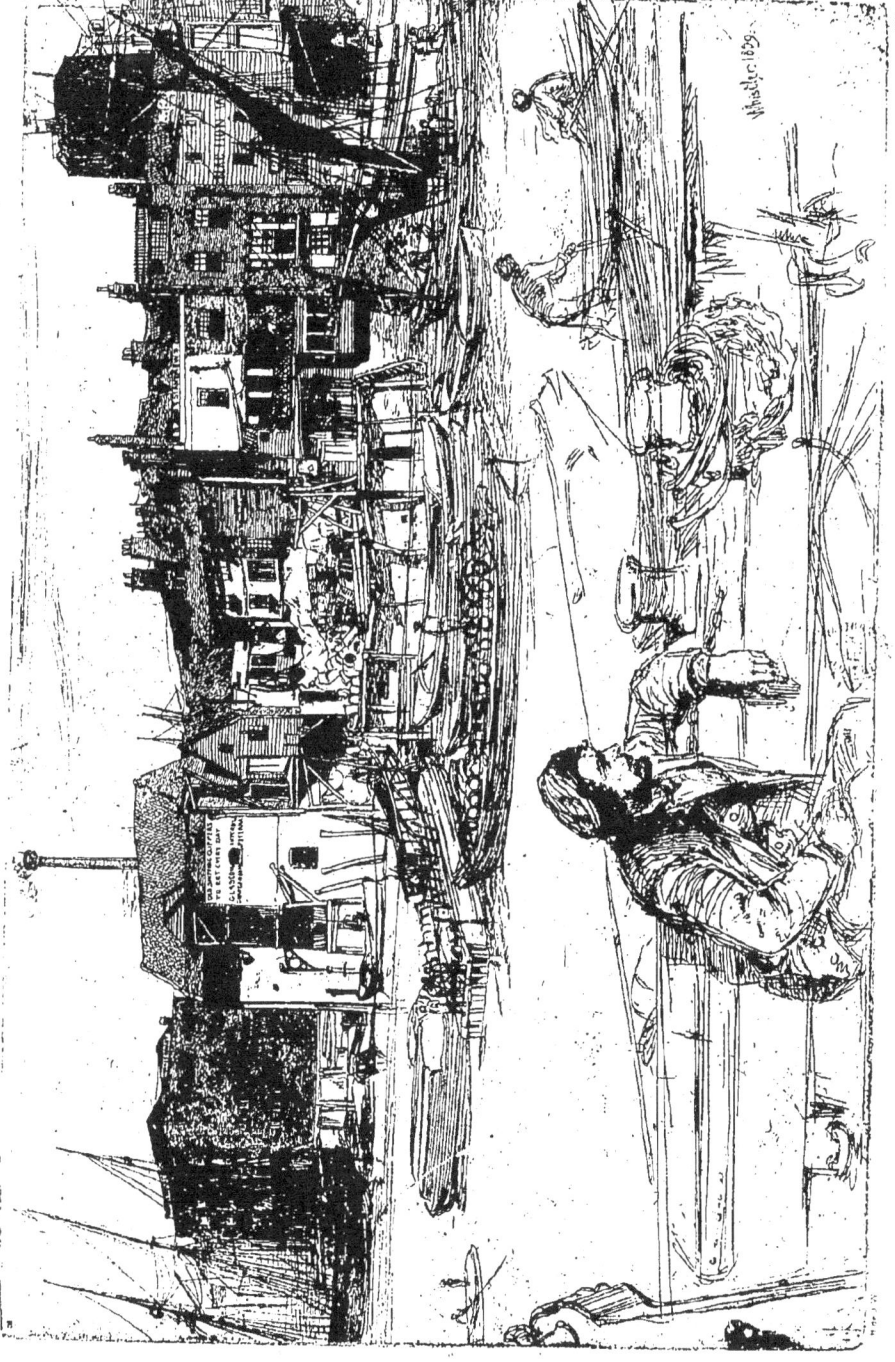

en 1860, avait été tout de suite acheté par un des membres de l'Académie le plus en vue, John Phillip, le portrait de sa mère présenté en 1872 avait été d'abord refusé par le comité de réception. Ce n'est qu'ensuite qu'un vieil académicien, Sir

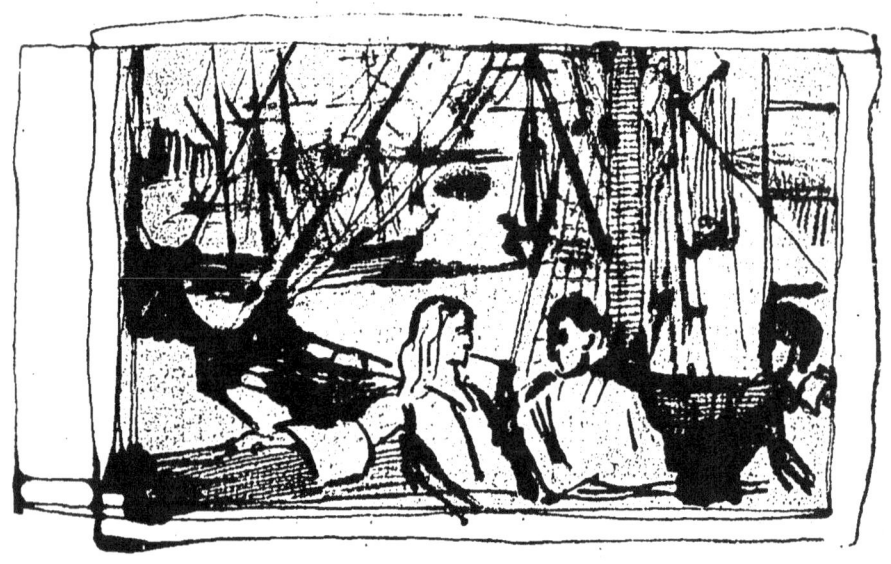

Croquis d'un tableau inexécuté ou détruit.

William Boxall, en menaçant de quitter le comité et de provoquer un scandale, avait pu faire reprendre et exposer le tableau. A cette épreuve et au ton de la critique, Whistler sentait que le terrain lui manquait à la Royal Academy, qui jouissait alors à Londres d'un véritable monopole pour l'exposition des tableaux, semblable à celui que possédait le Salon à Paris.

La Royal Academy, la critique, le public, à mesure que ses

productions en se succédant, permettaient de mieux voir ses particularités et ses tendances, lui devenaient donc hostiles et prenaient envers lui une attitude décidément malveillante. Il y avait chez lui un homme de combat. Loin de faiblir devant l'hostilité survenue, il allait au contraire se roidir. Il avait ce caractère du lutteur, qui, à mesure que les obstacles grandissent, hausse sa volonté à leur niveau et, non content de la résistance, porte l'offensive dans le camp adverse. Il ne se pliera donc à aucune concession et il entre dans une véritable guerre, qui durera près de vingt ans, contre les artistes ses adversaires, contre la critique, contre la presse, contre le public.

Une mesure que lui suggérait sa détermination de suivre plus que jamais sa voie propre, était de se présenter tout entier au public. Aussi fait-il, en juin 1874, 48 Pall-Mall, une exposition d'ensemble de son œuvre. Si les tableaux montrés en succession au cours des dix dernières années, avaient eu pour conséquence d'exciter une désapprobation grandissante, il était évident que groupés maintenant, leur originalité devait ressortir d'autant plus vivement et alors causer une hostilité accrue en conséquence. Ce résultat ne pouvait manquer de survenir de lui-même à son exposition d'ensemble, quoiqu'il eût pu essayer d'ailleurs pour l'atténuer. Mais loin de rien faire qui eût pu diminuer l'effet défavorable à prévoir, il allait au contraire, par la nomenclature spéciale introduite dans le catalogue, fournir au public une nouvelle cause d'irritation.

Il avait pris l'habitude depuis un certain temps, d'appliquer en sous-titre à ses œuvres des désignations empruntées à la langue musicale. Cette pratique avait même été une des raisons de ses difficultés à se faire recevoir à la Royal Academy, où ses demandes d'insérer dans le catalogue une nomenclature sans précédent, rencontraient la plus vive résistance, et elle avait été aussi une des raisons de l'éloignement grandissant que le public lui témoignait. Or maintenant que dans une exposition particulière où il était maître, il pouvait se donner libre cours, il venait généraliser ce qu'on eût pu tenir jusqu'alors pour un fait d'exception. Presque toutes ses œuvres peintes portaient, comme titre ou sous-titre, une désignation appelée à marquer la combinaison de coloris recherchée et ces désignations étaient prises à la langue musicale, dont il venait étendre systématiquement l'emploi au domaine de la peinture. On trouvait dans le catalogue des œuvres dénommées : « Harmonie en gris et couleur pêche. Symphonie en bleu et rose. Variations en bleu et vert. »

L'idée de combinaisons de couleur, la recherche des tons, l'importance attachée au coloris sont des notions qui se sont maintenant suffisamment répandues pour se faire accepter, mais qui étaient absolument absentes de l'esprit en Angleterre, au moment où Whistler s'y produisait. Les peintres avaient alors de toutes autres visées que des recherches de palette. Et aussi Whistler, venant surtout donner comme fondement à son art, des combinaisons de pure peinture et d'une beauté de matière, était tellement hors des voies battues, qu'il demeurait par là même incompris et suscitait une désapprobation générale.

Quand par surcroît on le vit adopter systématiquement une langue qui n'avait encore appartenu qu'à la musique, l'hostilité prit tout à fait le caractère d'un soulèvement. Les mieux disposés donnèrent pour cause à sa conduite l'excentricité naturelle qu'on lui attribuait, mais les autres l'accusèrent ouvertement de charlatanisme et d'imposture. Il n'y a sortes d'attaques, d'insultes, de mépris que, pendant des années, cette nomenclature empruntée à la musique ne lui ait attirés de la critique et du public.

ARRANGEMENTS

HARMONIES, SYMPHONIES ET NOCTURNES

Le choix fait par Whistler de la langue musicale pour désigner les aspects de sa peinture, quelque original et imprévu qu'il pût être, était légitime, comme correspondant vraiment à une réalité. Lorsque la *Fille blanche* avait été montrée au Salon des refusés, en 1863, on avait pu être frappé par la combinaison de couleur apparue. La figure en pied se détachait sur un rideau blanc. Il y avait là un arrangement particulier de coloris, blanc sur blanc, qui indiquait un vrai peintre, un homme porté à considérer les objets d'une façon propre. La combinaison originale de coloris réalisée une première fois va se répéter dans des gammes diverses. Elle n'était point née d'un caprice, elle venait d'une manière naturelle et profonde de voir les choses et par conséquent devait persister.

Mais à mesure que l'œuvre s'accroît, que le peintre produit de nouveaux tableaux variés dans leurs combinaisons de coloris, il sent le besoin de qualifier ce que d'abord il avait laissé sans dénomination à part. La langue musicale s'offrait et il la prenait. Elle lui fournissait en effet des expressions appropriées à ce qu'il voulait mettre en saillie. Les mots harmonie, symphonie usités en musique, servaient à désigner la beauté, le charme et la valeur des sons et ce qu'il introduisait dans sa peinture était une beauté et un charme des couleurs, valant par eux-mêmes et distincts du sujet, cause première du tableau.

Ses œuvres comportaient donc bien réellement deux titres. Dans un portrait par exemple, il y avait tout naturellement à désigner le modèle peint et alors le tableau s'appelait; *Portrait de Carlyle, Portrait de Miss Alexander*, mais comme Carlyle et Miss Alexander avaient été peints à l'aide d'une combinaison de coloris, qui valait par elle-même, et en elle-même était faite pour séduire, il ajoutait au nom du modèle un titre désignant la combinaison réalisée et disait : *Portrait de Carlyle, arrangement en gris et noir; Portrait de Miss Alexander, harmonie en gris et vert*. Dans un tableau de Whistler, outre le sujet proprement dit, il y a donc un arrangement ou combinaison de coloris qu'on peut appeler décoratif, en prenant le mot dans son sens élevé et à la manière dont les artistes de l'Extrême-Orient l'ont compris. En effet, il s'était inspiré de la gamme décorative du Japon et de la Chine, une sorte d'affinité naturelle l'y avait porté.

Mais puisque Whistler réalisait, en dehors du sujet, des combinaisons de coloris de l'ordre décoratif, il devait être amené à donner la première place à la combinaison dans la dénomination de certains tableaux. Par exemple, lorsque plusieurs répétaient avec des motifs divers la même combinaison, il les a désignés par un même titre, tiré de celle-ci, en les distinguant simplement les uns des autres par des numéros et disant : *Symphonie en blanc* n° *1, 2, 3*.

Il devait faire le dernier pas dans la voie décorative, il devait ne plus appliquer ses combinaisons de coloris à des sujets déterminés, à des tableaux à personnages, pour l'employer isolée et arriver ainsi à la décoration pure. C'est ce qu'il a en effet réalisé et ses œuvres de cette sorte n'ont pas été celles auxquelles il attachait le moins d'importance. Dans les maisons qu'il habitait, il s'empressait de peindre les lambris et les murs, selon une gamme de tons qui pût satisfaire ses yeux. Et lorsqu'il a fait des expositions particulières, l'arrangement décoratif des locaux formait partie de ses préoccupations.

Sa décoration murale la plus importante a été conçue et poursuivie en 1873, dans une grande salle à manger d'une maison de Prince's gate, à Londres, appartenant alors à M. Leyland. Comme il s'agissait ici de décoration pure, la combinaison du coloris devait naturellement prendre le pas dans la dénomination de l'œuvre, qui s'est appelée :

HARMONIE EN BLEU ET OR

Et en sous-titre : LA CHAMBRE DU PAON, avec cette explication : « Le paon sert de moyen pour effectuer l'arrangement de couleurs recherché. » La décoration, qui couvre le plafond et les murs de l'appartement, se compose de deux motifs, l'un emprunté aux plumes de la queue du paon, l'autre à celles de la gorge plus fines et différemment irisées. Les deux motifs se combinent pour donner de la variété au dessin. En même temps, pour mettre de la diversité dans le coloris, les motifs sont tantôt peints en or sur fond bleu, tantôt en bleu sur fond or. A l'extrémité de la salle, deux grands paons, en or sur fond bleu, se défient et s'excitent au combat. Cette décoration tout entière bleue et or, est d'une élégance et d'une volupté singulières.

Pendant qu'il peignait cette Chambre du Paon, Whistler, avait noué des rapports intimes avec Mr Leyland, qui la lui avait commandée, et sa famille. Il fut amené ainsi à les représenter de diverses manières. Il peignit Mr Leyland en pied, arrangement en gris et noir et Mme Leyland en rose pâle, avec des fleurs d'un rose foncé, çà et là. Il donnait les portraits des trois filles Fanny, Florence et Elinor dans des eaux-fortes. Il avait aussi entrepris leurs portraits à l'huile, qui sont restés à l'état d'études, et enfin avait fait des croquis à la

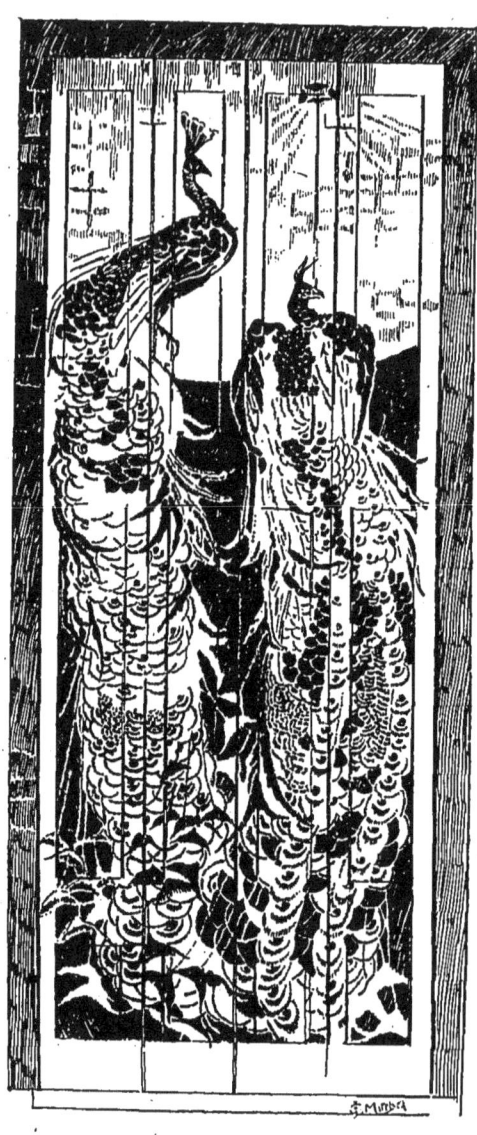

Contrevent de la chambre du paon.

plume et à l'eau-forte, de plusieurs des membres de la famille.

En somme, Whistler mettait comme fondement à l'art de la peinture des combinaisons et des arrangements de coloris. La beauté de la matière, la valeur de la substance peinte, le charme à retirer de l'association des couleurs étaient des qualités essentielles à obtenir, pour qu'une œuvre peinte fût réellement artistique. Mais le fait d'entretenir de telles idées et de les appliquer, le plaçait dans une position isolée et jugée inférieure. Son esthétique basée sur des recherches et des qualités que l'on prétendait d'ordre purement matériel, paraissait futile et méprisable. On l'accusait de ne pouvoir parler à l'esprit, de négliger le domaine intellectuel où, selon les hommes alors écoutés, la peinture devait s'élever et se tenir. C'est que les peintres avaient à cette époque en Angleterre des visées qu'on pourrait appeler littéraires. Leurs tableaux devaient surtout se recommander par des sujets se rattachant à la mythologie, à la légende ou à l'histoire. Ils devaient présenter des personnages se livrant à des actions bien déterminées. Ils étaient appelés à retenir l'attention par une exécution précise et portée à un haut point de ce que l'on appelait le fini. Aussi Whistler, avec ses idées contraires, en disait-il : « Ils peuvent être finis, mais ils ne sont certainement pas commencés. »

On comprendra le dédain témoigné à l'art de Whistler, quand on saura quel était alors l'esprit des groupements artistiques, tant de celui qui, avec la Royal Academy, représentait la tradition, que de celui des dissidents, qui avait pu se former à côté.

La Royal Academy de peinture possède en Angleterre un grand prestige. Elle remonte au XVIIIe siècle, elle a donc derrière elle un passé déjà long. Elle se trouve être le seul corps formé d'un nombre de membres limité, qui jouisse d'une position officielle légalement reconnue. Elle occupe ainsi, dans le monde des arts, un rang analogue à celui que tient notre Académie française dans le monde des lettres. Elle organise annuellement, au mois de mai, une exposition, où le beau monde vient regarder des tableaux et en même temps se montrer dans tout son luxe. Elle traite, à l'ouverture de ses expositions, en un banquet, les princes de la famille royale, les membres de l'aristocratie, les représentants de l'armée et de la marine. Son président y prononce des discours où l'art et les artistes sont présentés sous le jour qui peut le mieux plaire aux auditeurs et, au dehors, à la nation entière. Il est évident qu'un tel corps ne saurait être dans des dispositions à encourager les audacieux et à entretenir la grande originalité. Aussi peut-on dire que les artistes qui, jeunes et débutants, ont eu une manière d'être tranchée, lorsque avec l'âge et le succès ils y entrent, arrondissent leurs angles et perdent en partie leur saveur. Whistler d'abord accepté à la Royal Academy, à mesure qu'allant comme au rebours des autres, il accentuait sa manière propre jugée excentrique, devait donc tellement heurter la sagesse et la prudence des maîtres du lieu, qu'ils ne voudraient plus le laisser se produire à leurs expositions au milieu d'eux.

A côté de la Royal Academy, il existait alors en Angleterre des artistes dissidents, doués d'originalité dans leur genre, qui avaient développé un art ayant fait des prosélytes et recruté des adhérents de diverse sorte. Mais Whistler, quoique dissident lui-même, avec ses combinaisons de coloris et ses recherches de pure peinture, se trouvait en réalité plus éloigné de ceux-là que de tous les autres, car ils avaient plus que tous autres adopté une esthétique appuyée sur la littérature. Chose singulière! si on veut comparer les dissidents apparus en France et en Angleterre, on verra qu'ils s'étaient développés dans les deux pays d'une manière absolument opposée. Alors qu'en France, avec Corot, Courbet, Manet et les Impressionnistes, on avait vu la peinture abandonner de plus en plus tout appui étranger pour vivre sur elle-même, en recherchant surtout les qualités de palette et la valeur du coloris ; en Angleterre la peinture avec Dante Gabriel Rossetti et Burne Jones, avait méprisé les recherches d'ordre purement pictural, pour se rattacher, peut-être plus qu'on ne l'avait encore jamais fait, à la littérature et s'appliquer à rendre des sentiments abstraits.

Rossetti, né en Angleterre d'un père italien, et latin de dispositions sous une enveloppe anglaise, avait été l'esprit directeur du groupe d'artiste développé vers 1848, connu sous le nom de Préraphaélite. Doué d'originalité et d'invention, il était à la fois poète et peintre, mais comme on ne saurait être également supérieur dans deux genres, c'est le poète qui chez lui l'emportait. Le poète connaissait les conditions de vie et de beauté de la poésie et savait les appliquer à ses vers, mais le peintre n'était point également éclairé, et il ignorait les voies qui eussent pu le mettre au niveau du poète. Rossetti prétendait donc obtenir, par la peinture, des images et des effets semblables au fond à ceux qu'il tirait de la poésie. Ses personnages étaient tenus dans l'extase ou montrés avec des expressions mystiques. Sa peinture, quoique possédant de la puissance, manquait des réelles qualités de palette, elle était sèche, sans véritable transparence ou velouté, le dessin restait laborieux.

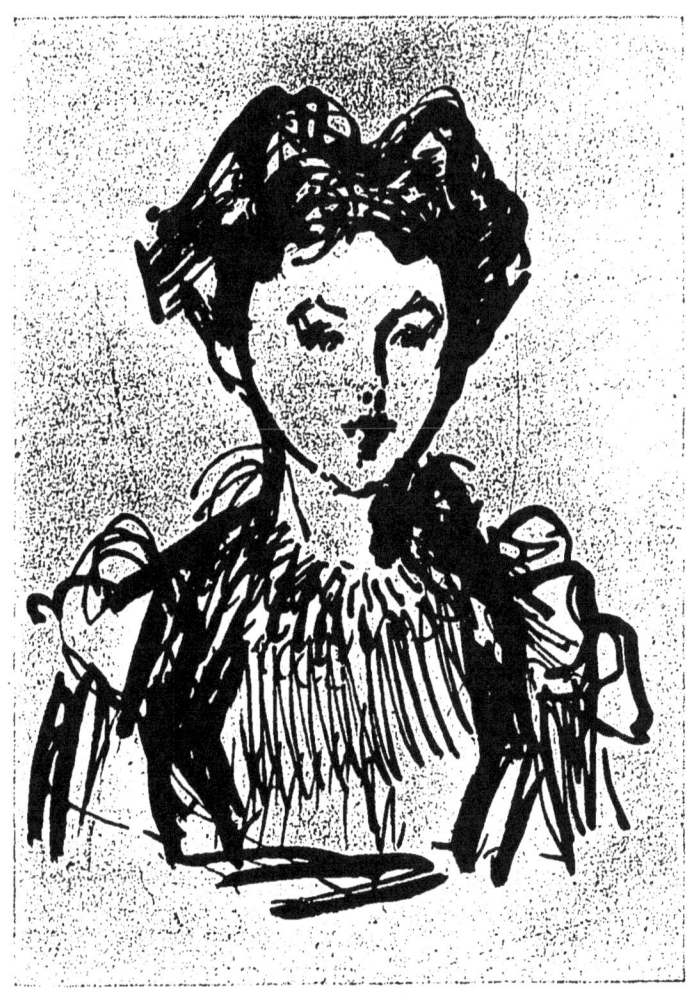

Miss Florence Leyland.

Whistler, lorsqu'il était venu résider en Angleterre, y avait trouvé Rossetti, son aîné de six ans, en pleine puissance de production et déjà célèbre. Il était allé le voir et en avait été fort bien accueilli. Rossetti, appréciant le mérite du débutant, avait cherché à le faire connaître. Il avait pris chez lui une série de ses tableaux pour les montrer à ses amis. Ils habitaient proches l'un de l'autre à Cheyne-Walk, Chelsea. Il s'établit ainsi entre eux de ces rapports intimes, tels qu'il en surgit entre gens jeunes, se sentant une communauté de puissance créatrice et de valeur. Cependant les propensions de Rossetti et de Whistler étaient de nature tellement différente, qu'à mesure qu'elles se développaient, elles devaient leur faire suivre des voies opposées et les conduire comme à des antipodes. Dans ces conditions, les relations de tous les instants, nouées dans la jeunesse ne sauraient se poursuivre et peu à peu Rossetti et Whistler s'étaient trouvés comme séparés.

Au moment où nous sommes, Rossetti approchait du terme de sa carrière, il ne se tenait plus sur le champ de bataille et c'est Burne Jones qui, d'une certaine manière, le continuait, pour avoir subi son influence et adopté son esthétique. Burne Jones s'appuyait surtout sur la légende et la poésie. Ses personnages composaient des scènes, qui devaient retenir les spectateurs par ce qu'elles lui disaient ou lui faisaient imaginer, mais qui alors avaient souvent besoin d'explications et comme de gloses littéraires. Burne Jones ne possédait pas la vigueur de Rossetti; sa peinture était sans éclat et comme maladive, mais elle laissait voir de l'imagination et de la distinction; elle pouvait plaire à ceux qui demandent, devant un tableau, à exercer leur esprit en se rapportant à l'histoire, ou à donner cours au rêve, en se plongeant dans la légende.

Les Préraphaélites, Rossetti et Burne Jones, en se succédant, avaient recruté des adhérents et groupé un petit monde de lettrés, d'artistes, de *dilettanti*, de femmes sentimentales, qui avaient pris une manière d'être très particulière. C'est ce qu'on a appelé les *esthètes*. Pendant quelques années, ils se sont produits à la surface du monde anglais et s'y sont fait fort remarquer, pour disparaître ensuite rapidement, comme disparaissent les choses artificielles. A l'époque où nous sommes — 1875-1880 — ils étaient dans toute leur gloire. Leur sentimentalisme, leur affectation de nonchalance et de raffinement artistiques, leur manière de s'habiller, chez les femmes rappelant les longues robes de Botticelli, les désignaient à l'attention et les tenaient à part.

Or, il se produisait à Londres, en 1877, un événement des plus heureux pour les dissidents de la peinture, l'ouverture de la Grosvenor Gallery. Jusqu'à ce jour la Royal Academy, avec son exposition annuelle, avait joui d'un véritable monopole pour montrer des tableaux et les artistes qu'elle repoussait ou qui s'éloignaient d'elle, étaient réduits à se produire à l'écart, dans des locaux mal agencés. Lorsque Sir Coutts Lindsay, un riche banquier qui patronait les arts et lui-même s'adonnait à la peinture, faisait édifier dans Bond Street un monument, la Grosvenor Gallery. Il le destinait à des expositions annuelles de peinture et la première s'ouvrait en mai 1877. Sir Coutts Lindsay n'entendait point exclure de chez lui les peintres de la Royal Academy, au contraire il s'efforcerait d'avoir de leurs œuvres caractéristiques, mais cependant comme il lui fallait, pour donner une raison d'être à son entreprise, présenter aux visiteurs quelque chose de particulier, il allait faire une place considérable aux dissidents ayant abandonné les expositions de la Royal Academy ou s'en étant systématiquement tenus à l'écart. Or ces dissidents étaient, dans les genres les plus opposés, Whistler et Burne Jones.

Les expositions de la Grosvenor Gallery composées dans un esprit éclectique, attireraient certainement à la fois les raffinés et le grand public. Whistler en 1874 avait fait une exposition dans Pall-Mall, où il n'avait pu s'adresser qu'à un nombre restreint de visiteurs. Voilà maintenant qu'en 1877, à la Grosnevor Gallery, il pourrait se produire devant tout Londres. Il n'était pas homme à laisser échapper un tel avantage et comme il y avait chez lui un combattant décidé à ne jamais rien concéder au goût commun, il allait faire un tel choix de ses œuvres, qu'il se montrerait une bonne fois sous son aspect le plus osé. A l'ouverture de la Grosvenor Gallery, il apparaissait donc avec sept tableaux : le portrait en pied de l'acteur Irving dans le rôle de Philippe II, désigné comme Arrangement en noir n° III, le portrait de Carlyle, désigné comme arrangement en brun, une harmonie en ambre et noir

VUE D'AMSTERDAM
D'après l'eau-forte

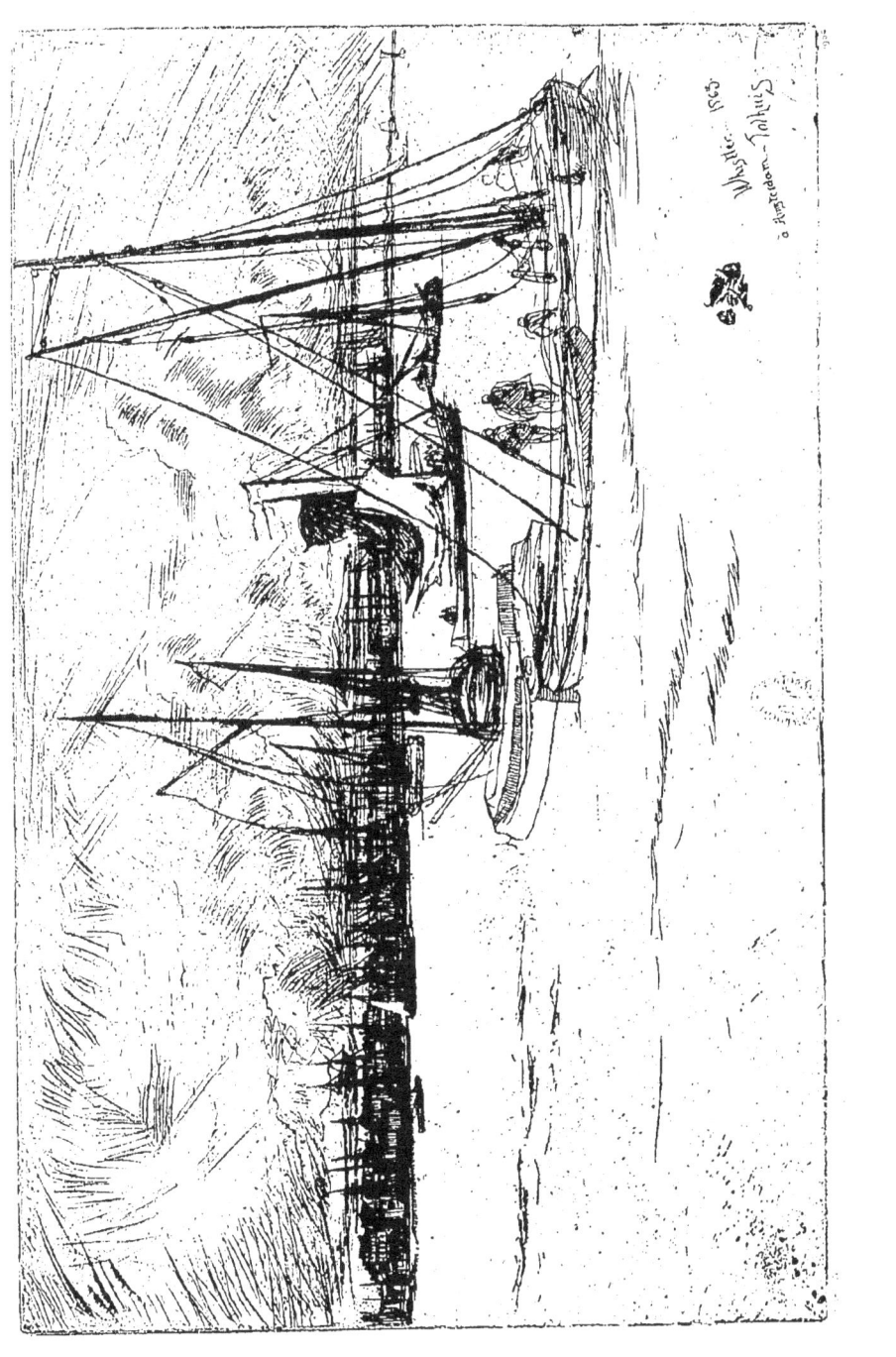

et enfin quatre nocturnes, deux en bleu et argent, un en bleu et or et un en noir et or. Les nocturnes se sont trouvés encore plus heurter, à leur apparition, les conventions alors observées en peinture que les harmonies et les symphonies, ils ont représenté l'extrême point d'originalité où Whistler se porterait, mais aussi ils devaient exciter une hostilité correspondante et être la cause des pires attaques et insultes qu'il aurait à subir.

Les nocturnes, comme le nom l'indique, sont des effets de nuit. Les particularités de scène et de paysage y ont presque disparu, elles n'existent plus que comme des accessoires, atténués le plus possible. C'est la transparence de l'atmosphère et des eaux éclairées par les pâles rayons de la lune, ce sont les ombres mystérieuses, grandes silhouettes indistinctes des nuits sombres, qui sont devenues l'objectif. Prenons un nocturne parmi les plus clairs, en bleu et argent, plaçons-nous à dix pas et regardons-le attentivement. La vue que le peintre a voulu fixer sur la toile est celle du clair de lune par une belle nuit. Il a choisi comme sujet une rivière avec ses bords, parce qu'après tout il lui faut bien un motif pour porter la couleur, mais le motif n'existe pas pour lui-même, il n'a en soi aucune importance, aussi les bords de la rivière se distinguent-ils à peine, enveloppés dans l'effet de nuit qui est le tableau. Et ce qui est appelé à communiquer la sensation recherchée, ce ne sont ni des lignes, ni des contours, mais le coloris bleu argenté, couvrant, avec des inflexions de clair et d'ombre, toute la toile. En somme, dans ce nocturne, il n'y que deux choses sans formes arrêtées, cependant très saisissables : de l'air et une gamme de tons transparente.

Les nocturnes se présentaient si naturellement à Whistler qu'après en avoir peint un grand nombre à l'huile, il en a aussi produit par les procédés de l'eau-forte et de la lithographie. Il a parcouru avec eux toute la série des effets de nuit et des temps assombris par les brouillards de Londres. Il est allé des clairs de lune, laissant encore la toile dans une réelle lumière, aux nuits noires, plongeant tous les objets dans les ténèbres. Il est arrivé là, à une limite qu'on ne saurait dépasser, il a atteint cette extrême région où la peinture devenue vague, en faisant un pas de plus, tomberait dans l'indéterminisme absolu et ne pourrait plus rien dire aux yeux.

Whistler, en produisant ses harmonies et ses symphonies, n'avait point agi par caprice ou choix arbitraire, il n'avait fait que donner expression à une manière de voir les choses naturelles et due au tempérament. Ses nocturnes n'étaient point non plus le résultat d'une recherche purement réfléchie, ils survenaient bien eux aussi comme une forme normale de sa production. De même que dans ses premières œuvres, on pouvait découvrir le germe spontané de ses futures harmonies et symphonies, de même on pouvait y trouver le principe de ce qui, en se développant, devait amener la combinaison d'ombres transparentes qu'étaient les nocturnes. Dans toutes les productions de son pinceau, on avait pu, dès le début, reconnaître ce que nous appellerons une enveloppe, tantôt à peine saisissable, mais d'autres fois allant jusqu'à étendre sur

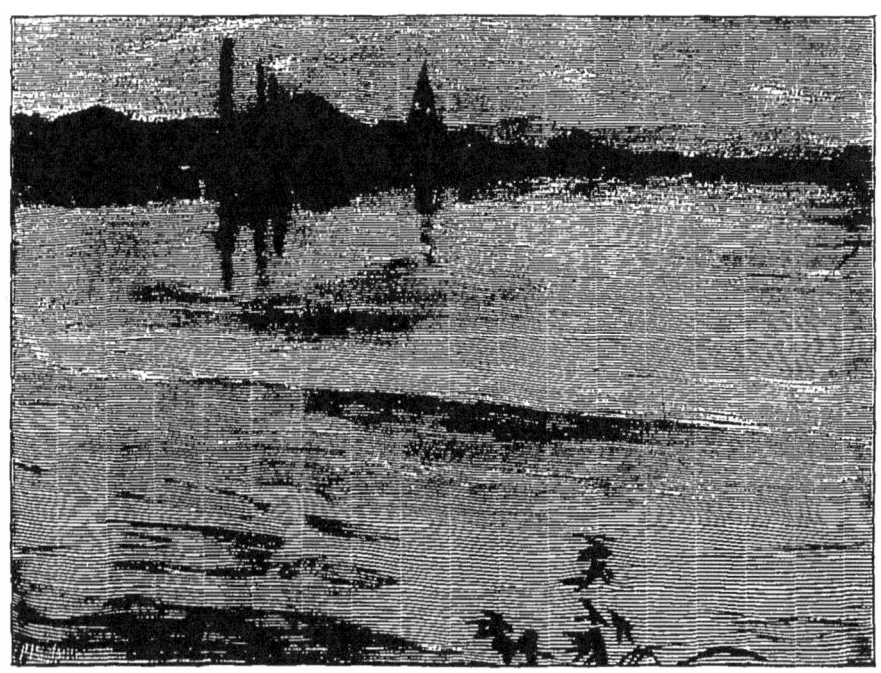

Nocturne en bleu et argent. Grosvenor Gallery, 1877.

la toile une sorte de couverture générale. L'œuvre peinte de Whistler se revêt d'une atmosphère particulière. Cette manière d'être découle évidemment de l'organisme visuel. C'est le tempérament même de l'homme qui se manifeste ici avec son caractère d'exception.

L'enveloppe, dans certains tableaux sombres, dans les arrangements en gris et noir par exemple, peut aller jusqu'à prendre une telle importance qu'elle devient comme une sorte de brume, de ton général crépusculaire, une manière de buée fantastique. Aussi ses détracteurs ont-ils prétendu que sa peinture était enveloppée de brouillard. Le critique du *Times*, parlant des deux arrangements en gris et noir, les portraits de Carlyle et d'Irving exposés en cette année même de 1877, disait, qu'ils « suggéraient le choix entre des esprits matérialisés et des figures vues dans le brouillard de Londres ». Mais de même que les combinaisons de coloris qui formaient une part naturelle de sa peinture, devaient le conduire à la décoration pure, de même cette sorte d'enveloppe qui s'ajoutait aux combinaisons de coloris, devait le conduire aux nocturnes. Ceux-ci ne sont que la mise sur la toile de son enveloppe habituelle, séparée cette fois de tout sujet distinct et, pour pouvoir se produire et se développer par elle-même, allant prendre les vapeurs de la nuit comme des apparitions congéniales.

Les nocturnes sont d'une grande sincérité, s'ils donnent l'impression du mystère et laissent voir des silhouettes qui semblent des fantômes, c'est qu'en effet chez l'artiste la contemplation de la nuit évoquait des images fantastiques. L'ombre s'animait pour Whistler, elle l'appelait. Quand ceux qui aiment la vive lumière avaient fini leur œuvre et, après le coucher du soleil qu'ils avaient admiré, étaient rentrés chez eux, alors il sortait, lui, de sa maison. Il a exprimé ses préférences pour le paysage nocturne ou crépusculaire, lorsque dans son *Ten o'clock*, il a dit : « Le soleil est éclatant, le vent souffle de l'est, le ciel est sans nuages, au dehors tout est de fer, et le peintre se détourne et ferme les yeux. Mais quand la vapeur du soir enveloppe les bords de la rivière de poésie comme d'un voile, et les pauvres constructions se perdent dans le ciel sombre et les hautes cheminées deviennent des campaniles et les magasins sont des palais dans la nuit et toute la ville est suspendue dans les cieux, et le monde des fées est devant nous... alors la nature chante son chant exquis à l'artiste. »

Mais en 1877 ses idées sur la poésie de la nuit restaient inconnues, et connues eûssent été certainement méprisées. Les nocturnes, en qualité de choses sans précédent, semblaient conçus et exécutés hors de la saine raison. On peut s'imaginer l'ahurissement de ces visiteurs habitués à se tenir contre une cimaise, pour examiner, les yeux sur la toile, des scènes poussées à un haut point de fini, arrivant tout à coup devant les nocturnes. A la distance où on avait regardé les autres tableaux, ils ne présentaient qu'une tache de couleur uniforme, ne laissant rien découvrir de distinct. Avec eux la peinture était portée à son dernier degré d'abstraction. Elle était séparée de tout motif précisé et de tout souvenir littéraire. Or, pour le public qui se pressait, en 1877, à la Grosvenor Gallery, c'étaient là des choses incompréhensibles et monstrueuses.

L'exposition de la Grosvenor Gallery attirait donc la foule

et, au milieu d'elle, on avait vu apparaître en force les partisans des Préraphaélites, les esthètes. Ils avaient fait de la galerie leur lieu d'élection, ils y venaient comme dans une manière de temple, où ils pussent donner cours à leur admiration. En effet l'artiste sur lequel se concentrait alors leur culte, le maître qui formait des élèves et tenait dans la bonne voie les disciples, Burne Jones, s'y produisait sous sa forme la plus accentuée. Il envoyait toute une série d'œuvres, dessinées et peintes : *la Tromperie de Merlin, les Jours de la Création, le Miroir de Vénus, un Chevalier* et *une Sybille*, des figures allégoriques, la *Foi*, l'*Espérance*, la *Tempérance*. Ces ouvrages appuyés sur la légende et la mythologie, portés comme exécution au plus haut degré de fini, reproduisant des formes et des contours empruntés au xve siècle italien, présentaient un contraste absolu avec ceux que Whistler montrait à côté.

Le public, dans son ensemble, quoi qu'il pensât de l'art de Burne Jones, condamnait celui de Whistler, mais le monde spécial qui admirait avant tout Burne Jones le condamnait d'une manière plus particulière; car l'opposition entre les deux artistes était tellement grande, que le dénigrement de l'un faisait comme partie de la manière d'admirer l'autre. L'homme qui écrivait sur les arts, alors le plus célèbre de l'Angleterre, Ruskin, allait en fournir la preuve. Je dis de Ruskin l'homme qui écrivait sur les arts, pour ne point lui appliquer la désignation de critique. Si le propre de l'esprit critique est de posséder cette souplesse et cette impartialité qui mènent à comprendre

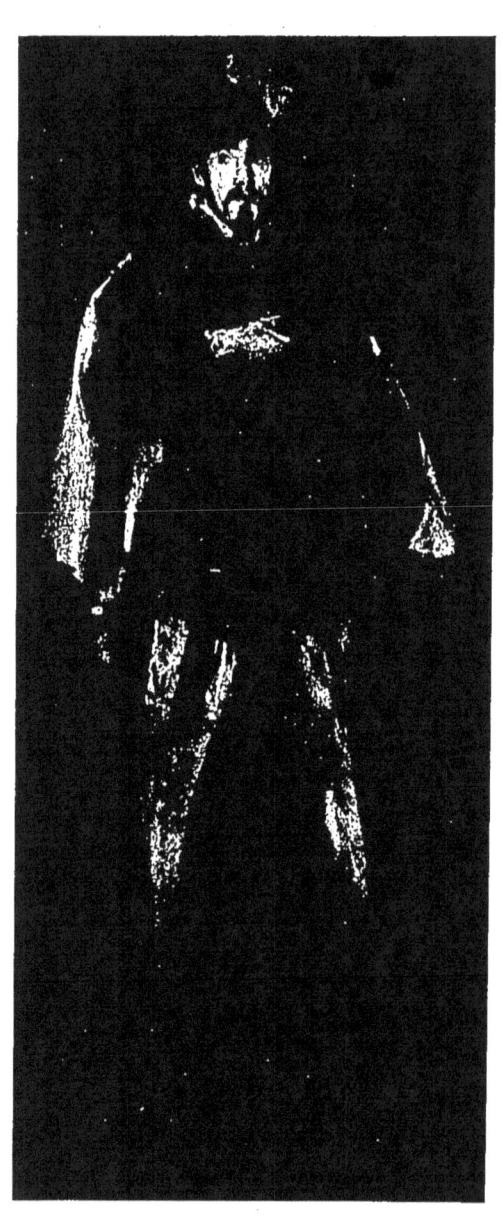
Sir Henry Irving.

les formes les plus diverses, en les envisageant chacune dans sa valeur relative, jamais homme n'a moins mérité que lui le nom de critique. Ses jugements sont extrêmes, allant de la louange hyperbolique au dénigrement injurieux, dans la peinture le mérite intrinsèque des œuvres lui échappe le plus souvent, ses préférences et ses antipathies sont dictées par des raisons accessoires, prises hors du sujet. Mais c'était un grand écrivain, un maître de la langue et ses livres remarquables au point de vue littéraire, lui avaient valu une énorme réputation et donné, dans les questions d'art, une influence sans rivale sur le public anglais. Il avait pris part aux luttes des Préraphaélites, à leur éclosion, il avait été particulièrement l'ami et l'admirateur de Rossetti, qu'il avait défendu de toutes les manières. Il voyait toujours dans les Préraphaélites de grands peintres et, ses préférences de littérateur lui masquant leur infirmité sur le vrai terrain de la peinture, son admiration s'était étendue de Rossetti à Burne Jones.

Il faisait paraître périodiquement, sous le titre de *Fors Clavigera*, des lettres aux ouvriers de la Grande-Bretagne. Dans sa soixante-neuvième lettre, du 2 juillet 1877, il parlait de l'exposition de la Grosvenor Gallery. Voici le jugement qu'en premier il émettait sur Burne Jones : « Son travail est sim-
« plement le seul travail d'art à présent produit en Angleterre,
« qui sera reçu dans l'avenir comme classique dans son genre
« — le meilleur qui a été ou pourrait être. — Les produits
« d'une imagination la plus élevée chez Burne Jones, sous
« les conditions de science et de beauté sociales, qui nécessai-
« rement les aident, les limitent et les colorent, sont au
« XIXe siècle uniques en art, sans rivaux dans leur genre ; et
« je sais que ces choses seront immortelles, comme les meil-
« leures que le milieu du XIXe siècle en Angleterre peut pro-
« duire. »

A cette extraordinaire apothéose succédait une condamnation tout aussi extraordinaire de Whistler : « Dans l'intérêt
« de Mr Whistler, non moins que pour la protection de
« l'acheteur, Sir Coutts Lindsay n'aurait pas dû admettre dans

« la galerie des ouvrages où la suffisance mal éduquée de
« l'artiste approche de si près l'imposture volontaire. J'ai eu
« beaucoup de preuves jusqu'à ce jour de l'impudence des
« Cockneys, mais je ne m'attendais pas à entendre un faquin
« (*Coxcomb*) demander deux cents guinées pour jeter un pot
« de peinture à la face du public. » Ce pot de peinture jeté à
la face du public se rapportait au nocturne en noir et or exposé
par Whistler. La coutume, dans les expositions anglaises, est
de tenir un registre où sont marqués les prix des tableaux à
vendre et le nocturne en noir et or y était porté pour deux
cents guinées. Ce nocturne, parmi les autres, prêtait aux
attaques et constituait évidemment un point vulnérable. Il
représentait, au milieu d'une nuit tout à fait noire, les éclats
d'un feu d'artifice dans le jardin de Cremorne. Or vouloir
peindre la nuit noire est une entreprise d'une réussite incertaine, et il n'est pas étonnant qu'alors que les spectateurs se
déclaraient encore à même de voir quelque chose dans les
nocturnes en bleu et argent, des vues de la Tamise par le clair
de lune, ils se reconnussent incapables de rien découvrir dans
le nocturne en noir et or. Ruskin avait donc bien attaqué
Whistler par le point faible. Mais les autres tableaux étaient
là, et qu'il ait cru pouvoir appliquer l'épithète de *Coxcomb* à
un artiste ayant peint, entre autres, une œuvre comme le
portrait de Carlyle, suffit à montrer ce que valaient ses condamnations et ses jugements.

Lorsque la première exposition de la Grosvenor Gallery se

ferma, Whistler en avait donc obtenu de se faire connaître du grand public sous sa forme la plus caractéristique. Le bruit fait autour de ses œuvres avait été considérable, la presse tout entière s'en était occupée, mais le résultat était après tout désastreux. Le public emportait de ses nocturnes l'idée d'une excentricité voulue, d'une mystification; les critiques de la presse n'avaient été qu'un dénigrement et sur le tout, dominait le jugement insultant de Ruskin.

Whistler n'était point homme à se laisser décourager. Lorsque la seconde exposition de la Grosvenor Gallery s'ouvrit en 1878, on pouvait l'y voir sans changement. Il montrait de nouveau sept tableaux, dans le nombre deux figures de femmes, dénommées arrangements en bleu et vert et en blanc et noir et trois nocturnes des vues de la Tamise, l'un en bleu et argent, les deux autres en bleu et or et en gris et or. Ces œuvres analogues à celles de l'année précédente, ne pouvaient que confirmer le public et les critiques dans leur condamnation, aussi demeurait-il après sa seconde exposition, dans la situation défavorable où la première l'avait placé.

Cependant il se sentait atteint par les attaques dirigées contre lui, autrement que dans son amour-propre d'artiste, il souffrait dans ses intérêts, il devait reconnaître qu'il allait ne plus pouvoir vendre de tableaux. Les acheteurs riches, sur lesquels il avait auparavant compté, s'écartaient maintenant de lui. Il pouvait attribuer ce dommage subi au fait que ses œuvres n'avaient pas seulement été censurées au point de vue artistique, mais encore avaient été spécialement dénoncées, comme ne valant pas le prix auquel elles étaient portées. C'est Ruskin qui s'était livré à une appréciation de ce dernier ordre. En effet, dans ses attaques, il ne s'était point circonscrit au jugement artistique, dépassant les limites entre lesquelles critiques et artistes ont naturellement le droit de se combattre, il avait insulté l'homme même traité de *Cockney* et de *Coxcomb* et, entré sur le terrain commercial, qui n'a rien à voir avec le mérite artistique, il avait violemment déclaré que les œuvres de l'artiste ne valaient pas le prix demandé. Ruskin, par sa conduite, avait dégagé Whistler de toute la retenue qu'un artiste eût pu être porté à observer envers un écrivain violent dans ses attaques, mais demeuré sur son terrain. Il s'était placé vis-à-vis de Whistler dans la position du premier homme venu, ayant insulté un autre homme et cherché à lui faire subir un dommage pécuniaire, qu'en effet il subissait.

Or, d'après la loi anglaise, est qualifié de « libel » le fait d'attaquer quelqu'un publiquement par écrit, sans preuves ou raisons suffisantes, de manière à lui porter préjudice. Et le « libel » rend amenable devant les tribunaux et rend passible, envers la partie lésée, de dommages et intérêts qui, sur l'appréciation du jury, peuvent devenir fort élevés. Whistler jugea que tous les caractères du « libel » étaient réunis dans l'article du *Fors Clavigera* et la question se posa pour lui d'entamer des poursuites. Il hésita un certain temps, mais enfin le désir d'obtenir réparation, combiné avec son esprit de combativité, l'emporta et Ruskin fut actionné pour « libel ».

Le procès tint les audiences des 25 et 26 novembre 1878, à la cour de l'Échiquier à Londres, devant le baron Huddleston comme juge et un jury spécial. Il s'agissait de décider si l'attaque de Ruskin était justifiée ou non. Par conséquent, il fallait savoir si le nocturne en noir et or n'était, comme le prétendait Ruskin, qu'un pot de peinture jeté à la face du public, sans valeur vénale, ou si, au contraire, comme le disait Whistler, c'était une œuvre d'art, d'un mérite suffisant pour permettre la demande de deux cents guinées. Or, cette question devait être tranchée par les jurés et on voit ainsi qu'elle se présentait en quelque sorte avec un caractère désespéré. Douze bourgeois ou boutiquiers sans aucune notion artistique, réunis à l'improviste étaient appelés à devenir juges d'un différent, où le Londres relativement connaisseur avait, à la Grosvenor Gallery, prouvé son inaptitude.

Whistler déposa au début de la première audience. L'avocat de la partie adverse qui, selon la pratique anglaise, l'interrogeait, ayant voulu le railler et faire rire à ses dépens, il le rabroua, et, par ses ripostes, mit les rieurs de son côté. Comme l'avocat lui demandait s'il ne trouvait pas que le prix de deux cents guinées fût trop élevé, pour le nocturne en noir et or, qu'il convenait avoir peint en deux jours, il répondit que ce n'était pas le travail des deux journées qu'il prétendait faire payer, mais la science appliquée à l'exécution de l'œuvre et acquise par le labeur de toute sa vie.

PORTRAIT DE MA MÈRE
Arrangement en gris et noir
Musée du Luxembourg. Gravure de GUÉRARD

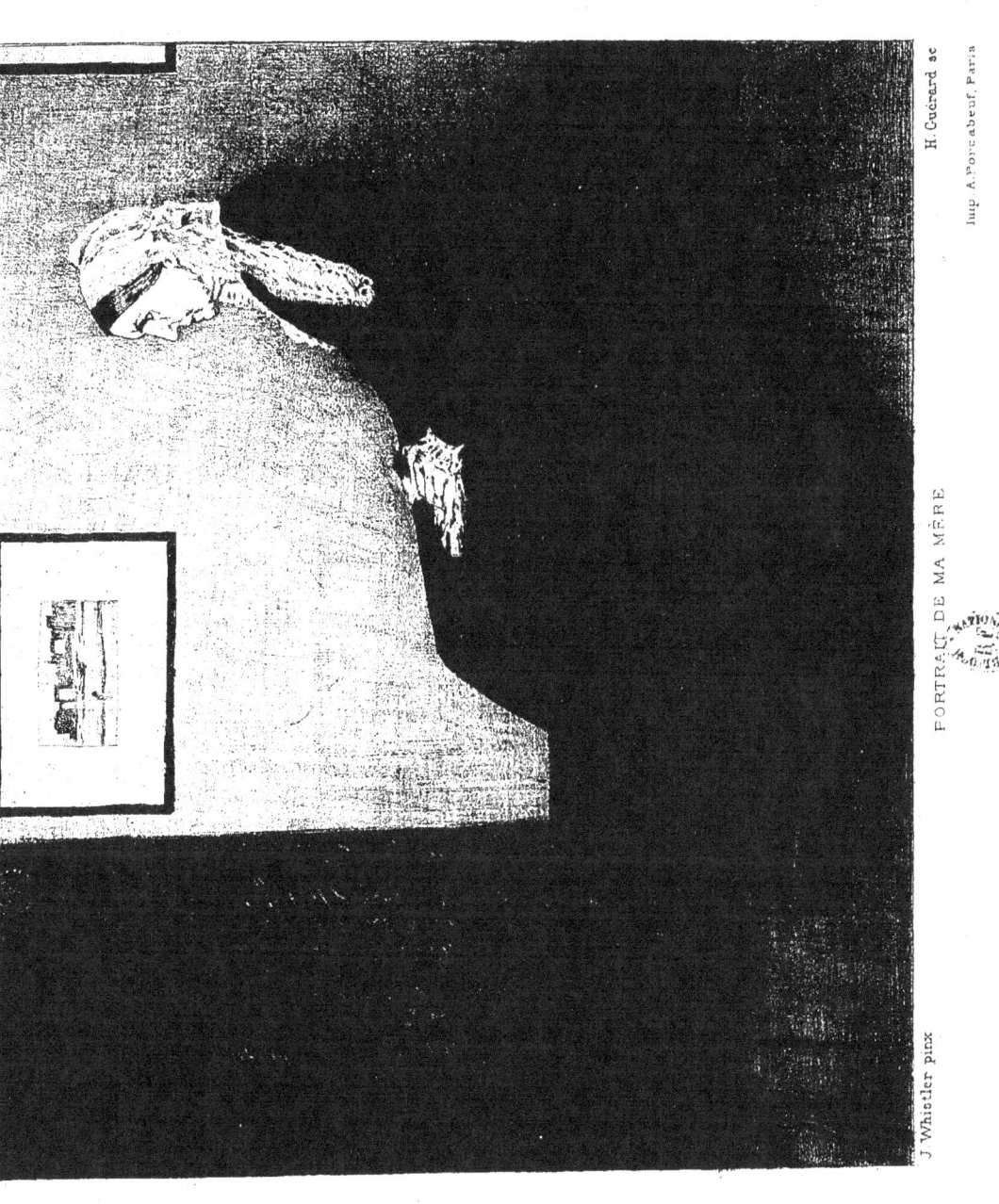

J Whistler pinx

PORTRAIT DE MA MÈRE

H. Guérard sc

Imp A.Porcabeuf, Paris

Puis vint, comme part importante du procès, la déposition des témoins qu'en manière d'experts, chacune des parties produisait et qui devaient éclairer les jurés sur le vrai caractère du nocturne en cause. Les principaux témoins de Whistler furent William Rossetti le frère du peintre et Albert Moore. William Rossetti, parlant d'abord d'un des nocturnes en bleu et argent exposé à la Grosvenor Gallery, déclara qu'il y découvrait la très artistique représentation d'un pâle claire de lune. Le nocturne en noir et or attaqué n'était point, il est vrai, aussi beau, mais c'était cependant une œuvre d'art et deux cents guinées étaient un prix justifié. Albert Moore, peintre délicat, ressentait pour Whistler une grande admiration. Sa déposition fut donc une louange complète. Les nocturnes avaient à ses yeux une tendance élevée, le prix de deux cents guinées, pour le nocturne en noir et or, n'était point exagéré.

Ruskin, malade, ne comparaissait pas et de son côté vinrent déposer, comme témoins, Tom Taylor le critique d'art du *Times*, et Frith un peintre membre de la Royal Academy. Tom Taylor, en parfait journaliste, se tenait à ces lieux communs qui pussent satisfaire le public : le nocturne en noir et or n'était donc point, selon lui, une réelle œuvre d'art, tous les ouvrages de Mʳ Whistler demeuraient à l'état d'esquisses, sans être finis. Frith peignait des tableaux tels que *la Journée du Derby*, où étaient montrés de nombreux personnages rendus minutieusement. Comme artiste, il se tenait au pôle opposé de celui où se trouvait Whistler. Il était donc tout naturel qu'il vînt dire que le nocturne en noir et or ne lui paraissait pas être une véritable œuvre d'art. Il ne valait pas deux cents guinées.

Cependant le témoin sensationnel que produisait Ruskin

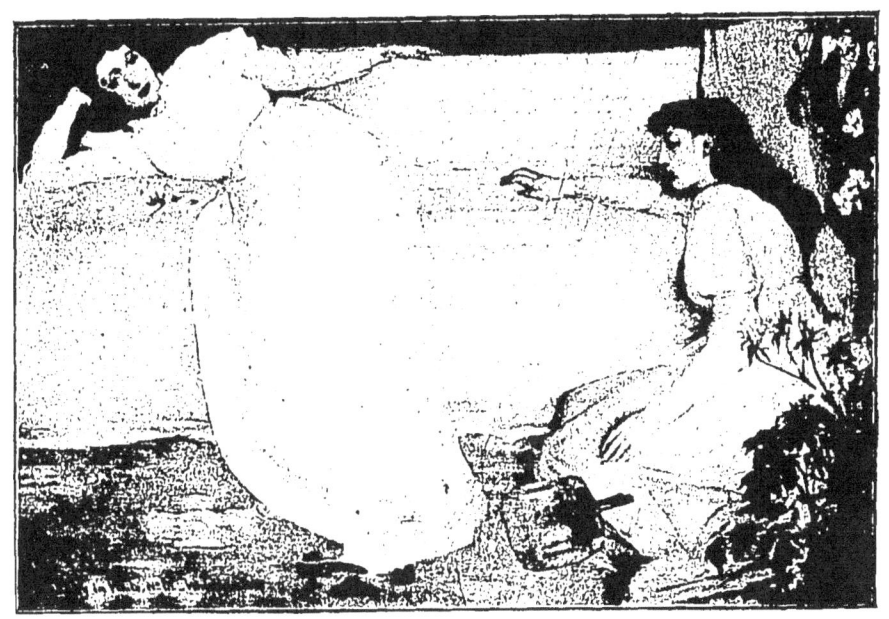

Symphonie en blanc, nº 3.

était Burne Jones; après la louange qu'il avait faite de lui, il était d'ailleurs naturel qu'il lui demandât son appui. Burne Jones, sans être le grand peintre que prétendaient ses amis, était un artiste d'aspirations élevées et un homme d'une parfaite honorabilité. Dans sa déposition, le souci de la vérité l'amena à reconnaître plus de mérite à Whistler, qu'on n'eût été porté à l'attendre d'un homme nourrissant les idées qu'on lui connaissait. Au sujet des nocturnes en bleu et argent, des clairs de lune, il disait d'abord : « Le nocturne en bleu et argent représentant la Tamise à Battersea, est une œuvre d'art, mais très incomplète. C'est une simple esquisse. Mr Whistler avait éludé les difficultés de la peinture, en ne poussant pas ses tableaux assez loin. Il possédait un sentiment sans rival de la couleur. Le nocturne était donc plein de maîtrise au point de vue de la couleur, mais il manquait de forme, chose aussi essentielle que la couleur. Le second nocturne en bleu et argent, le pont de Battersea, même meilleur que le précédent comme couleur, était encore plus dépourvu de forme. Le nocturne en noir et or n'égalait pas les précédents, ce n'était pas une réelle œuvre d'art. Ce n'était qu'un des nombreux exemples de l'insuccès à peindre la nuit. Il ne valait pas deux cents guinées [1]. »

L'Attorney général qui défendait Ruskin, au cours de sa plaidoirie, résumait ainsi son opinion sur l'art de Whistler : « Il ne se rappelait pas que jamais autant d'amusement eût été offert au public anglais, que par les tableaux de Mr Whistler. » Whistler devait plus tard reprendre et citer souvent cette phrase, comme preuve du manque de jugement artistique de celui qui l'avait prononcée et des gens autour de lui, dont il interprétait l'opinion.

En somme, l'ensemble des témoignages dut paraître aux jurés contraire au dire de Whistler que le nocturne en noir et

[1] *The Times*, 27 novembre 1878.

or, était une œuvre d'art valant deux cents guinées. Le nocturne avait d'ailleurs été montré à l'audience et s'il avait antérieurement produit un si mauvais effet sur Ruskin, et tant d'autres habitués à voir des tableaux, il avait dû maintenant rester incompris des jurés et leur sembler une simple tache noire, sans valeur. Cependant le verdict fut en faveur de Whistler. L'attaque de Ruskin était donc reconnue comme ayant les caractères du « libel », mais Whistler avait réclamé mille livres sterling de dommages et intérêts, et le jury ne lui accordait qu'un farthing, la plus petite pièce de monnaie anglaise, une fraction de penny. C'est-à-dire que le jury condamnait moralement Ruskin pour la violence injurieuse de son attaque, mais reconnaissait que son opinion sur la valeur artistique et vénale du nocturne était juste au fond. Les œuvres de Whistler étaient, aux yeux du jury, de telle nature que la dépréciation qu'on pouvait leur faire subir au point de vue commercial, ne tirait pas à conséquence et ne devait être évaluée qu'à une somme infime. Le juge, dans le même esprit, donnant jugement en faveur de Whistler, refusait de le décharger de ses frais. Les parties se partageraient donc les frais.

Le cas de Whistler contre Ruskin était devenu une cause célèbre. Le grand nom de Ruskin dans les lettres, l'imprévu qui amenait un peintre et un écrivain à porter leur débat devant un jury avaient tout de suite attiré l'attention. Le compte rendu du procès avait paru dans tous les journaux, accompagné de commentaires et l'on peut dire que le public entier avait connu les débats. Whistler retirait donc de l'affaire pour lui et ses œuvres une notoriété générale, mais non point favorable. En effet, depuis qu'il s'était mis à se produire sans faire de concessions et qu'ainsi il était entré en guerre avec le public et la critique, chaque éclat qui contribuait à répandre son nom et à faire mieux connaître ses œuvres, loin de tourner en sa faveur, tournait contre lui.

Poursuivant la guerre, il allait maintenant avoir recours à la plume. Il publiait, comme conclusion à son procès, un pamphlet l'*Art et les Critiques d'art*, où il niait aux écrivains et aux critiques le droit qu'ils s'arrogeaient de régenter le monde des arts, en portant des jugements et en émettant des condamnations sur des choses, où ils n'avaient aucune connaissance de la technique et du métier. Le pamphlet plein de verve, où Ruskin, Tom Taylor et autres écrivains se trouvaient fort proprement accommodés, avait du succès et, par une sorte de compensation, au moment où on méconnaissait les mérites du peintre, on se plaisait à reconnaître l'esprit de l'écrivain. Mais le résultat de tout le bruit fait sur son nom, était que le public, comme saisi de son cas, venait à porter sur lui un de ces jugements qui finissent par descendre jusqu'aux dernières couches et restent ensuite irrévocables. Or Burne Jones, dans sa déposition au procès, avait dit le mot résumant l'opinion générale : « C'était un artiste qui n'avait pas tenu les promesses de son début. » On s'accordait donc à reconnaître

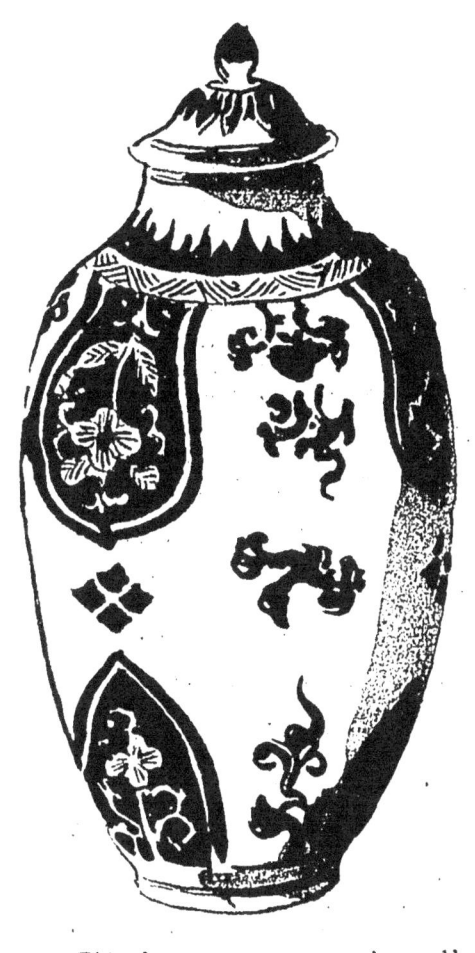

qu'il avait autrefois montré du talent, mais son talent s'était, disait-on, dissipé et perdu. Lorsque cette opinion fut, à la suite du procès Ruskin, généralement adoptée, il se vit dans une terrible situation. Il ne se trouva plus personne pour lui acheter de sa peinture et bientôt il fut aux prises avec les difficultés pécuniaires. Les frais de son procès à payer étaient devenus pour lui une première cause d'embarras.

Il avait, à cette époque, quitté la maison, habitée des années à Cheyne-Walk, Chelsea. Il était venu en occuper non loin de là une nouvelle, dans Tite Street. C'était une construction d'aspect particulier, élevée par l'architecte Godwin un de ses amis, et qui s'était appelée *The white house*, la maison blanche. Il l'avait décorée à l'intérieur d'une façon simple mais originale, en recouvrant les murs et les lambris d'une de ces combinaisons de coloris, cette fois-ci jaune et bleue, qu'il aimait. Le luxe de l'ameublement consistait dans la collection qu'il avait réunie de porcelaine bleue et blanche chinoise, disposée avec fantaisie sur des étagères. Cette porcelaine le délectait, il y trouvait une de

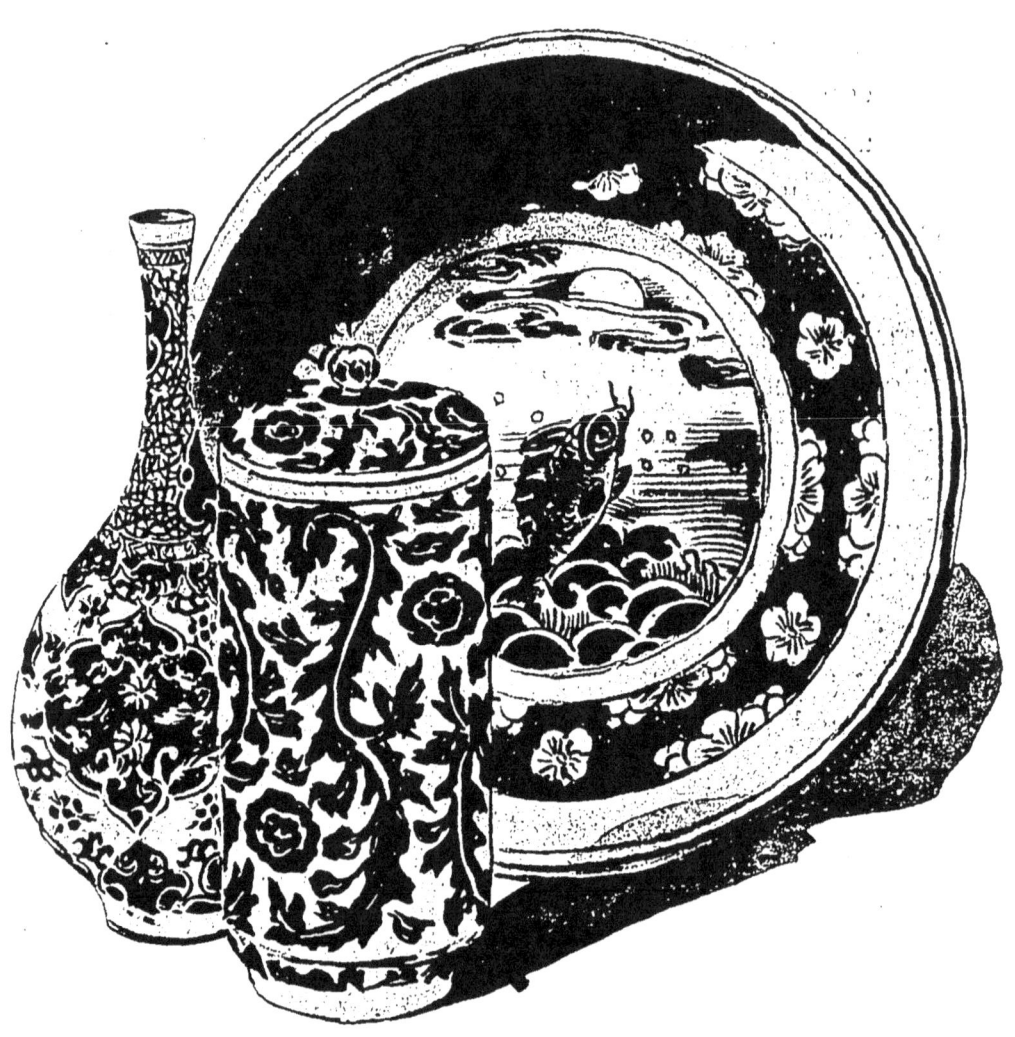

ces gammes de tons sobres et transparents, vers lesquelles il se sentait spontanément porté. En ce moment même, en 1878, il avait fourni à un catalogue¹, publié à Londres pour la collection de porcelaine de Sir H. Thompson, des illustrations de vases, de coupes, d'assiettes, d'une fidélité et d'une précision comparables à celles des maîtres hollandais.

Il avait pris l'habitude de recevoir le dimanche ses amis et les amateurs de peinture, désireux de connaître ses œuvres. Ce genre de réception était une pratique alors adoptée à Londres par les peintres en renom, surtout suivie pendant les semaines qui précédaient l'envoi de leurs tableaux aux expositions annuelles. Whistler s'était en plus mis à inviter à déjeuner ce jour-là des gens d'esprit et des gens du monde. La chère était assez maigre, mais la conversation brillante. Ce genre de vie n'avait rien eu d'excessif au moment où il l'avait commencé. Il vendait alors assez facilement sa peinture, dans un monde restreint, mais riche, qui trouvait ses productions originales et leur reconnaissait du charme et du mérite, et tout paraissait lui indiquer que, dans l'avenir, ses ressources ne feraient que croître.

Cependant la situation prospère dont il avait joui cessa, à partir du moment où il eut engagé la lutte avec le public et la critique, en voulant imposer sa nomenclature musicale et faire accepter ses nocturnes. Lorsque l'opinion fut soulevée contre lui, les oeuvres qui aux yeux de certaines gens avaient pu avoir du mérite et de la valeur, n'en n'eurent plus du tout

---

¹ *A catalogue of blue and white Nankin porcelain forming the collection of Sir H. Thompson.* By M. Marks, London. Ellis and Elvey, 1878.

et les acheteurs le délaissèrent. Dès lors son établissement devenait ruineux. Il lutta pendant un certain temps pour se maintenir, avec l'esprit de combativité qui lui était propre. Le courage et la détermination n'y pouvaient rien. Il était comme un nageur qui, en cherchant à remonter un courant irrésistible, loin d'avancer, est emporté à la dérive.

Bref, pour mettre fin à un genre de vie devenu intenable, il dut abandonner, en 1879, sa maison de la White house. Tout ce qu'elle contenait fut vendu au profit de ses créanciers. Sa collection de porcelaine chinoise, les plaques de ses eaux-fortes, ses études de peintre étaient perdues, et il ne lui restait comme fortune que son talent.

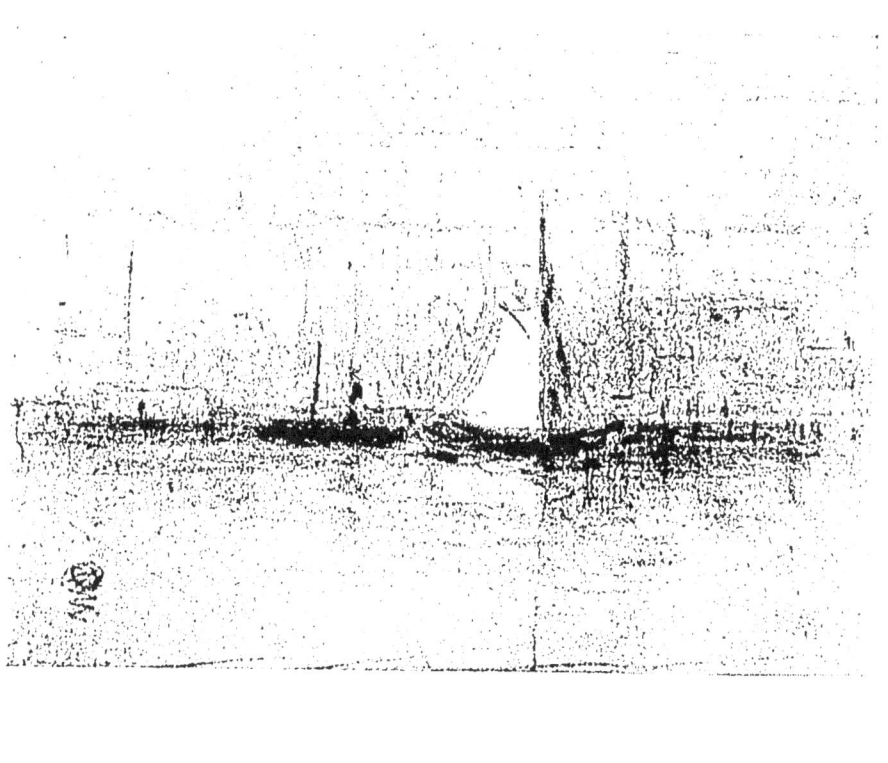

LES VUES DE VENISE

Whistler, heureusement pour lui, était capable de se dédoubler et, à l'heure où sa peinture soulevait une telle opposition qu'il se trouvait dans l'impossibilité de la faire accepter, il allait pouvoir se remettre à l'eau-forte. L'aqua-fortiste était resté à l'abri du dénigrement subi par le peintre. Alors que les nocturnes avaient ruiné les productions du pinceau, les œuvres de la pointe, surtout les vues de la Tamise, jugées excellentes du consentement général, maintenaient la réputation du graveur. La *Fine art Society* de Londres, une société qui éditait des gravures, vint donc à ce moment lui donner une importante commission. Elle le chargea d'aller à Venise exécuter des vues à l'eau-forte. Elle lui en prendrait douze, au prix de

600 livres sterling et s'engageait à lui donner dix shillings, pour chaque épreuve qu'au retour il voudrait imprimer lui-même. Elle lui fit l'avance de ses frais de voyage.

Il arriva à Venise à la fin de septembre 1879. Il y resta quatorze mois et ne revint à Londres qu'en novembre 1880. Il rapportait quarante eaux-fortes. La *Fine art Society* fit dans l'ensemble son choix de douze pièces. Elles devaient être tirées à cent épreuves et la série vendue cinquante guinées. Elles furent exposées dans les galeries de la société, dans Bond Street, en décembre 1880.

Whistler, à Venise, s'était trouvé sur un terrain inconnu. Il arrive le plus souvent que celui qui travaille dans cette condition, transfère au champ nouveau le caractère du milieu dans lequel il a jusqu'à ce jour vécu. On voit ainsi les ouvrages successifs d'artistes qui, malgré la diversité des lieux et des circonstances où ils ont été produits, gardent une physionomie commune et ont le défaut de l'uniformité. Or Whistler travaillait depuis longtemps dans un pays de caractère très tranché, l'Angleterre, il avait appliqué à ses œuvres des procédés d'exécution très particuliers, et il s'agissait de savoir s'il pourrait assez se débarrasser du terroir anglais et suffisamment modifier sa facture, pour rapporter du pays nouveau des vues ayant un caractère à part. Le premier coup d'œil jeté sur les eaux-fortes exposées à la *Fine art Society*, faisait évanouir le doute. La différence entre les nouvelles œuvres de Venise et les anciennes de Londres, était telle qu'à la rigueur un juge non initié, eût pu les attribuer à deux hommes distincts.

Whistler avait donc heureusement triomphé du danger de ne pouvoir se modifier en face de circonstances nouvelles, mais il y avait un autre écueil à éviter, par le fait spécial d'un travail accompli à Venise, celui de tomber dans l'ornière des grands devanciers. Canal à la fois par la peinture et l'eau-forte et Guardi par la peinture, ont donné des images impérissables, et le problème de représenter Venise sans les répéter, qui s'impose à tout artiste voulant rester original, est des plus ardus. Or, Whistler l'avait aussi heureusement résolu : il avait su voir d'une manière propre.

La série des douze eaux-fortes commençait par *La petite Venise*, la ville très basse vue au loin, à travers la lagune. Quelques traits horizontaux avaient suffi pour figurer l'eau et les monuments étaient simplement marqués au milieu du papier par des lignes dentelées. Jamais on ne s'était essayé à tant rendre avec si peu de travail apparent, mais la réussite était complète, on avait sous les yeux l'image que Venise évoque si bien, celle d'une ville prête à s'enfoncer sous la mer. Comme sujet d'élection, il avait aussi exécuté un nocturne, une Venise enveloppée d'ombre. *Les palais* donnaient la vue de deux palais semi-gothiques du grand canal, dessinés dans toute la pureté de leur architecture. *La rive* représentait le quai des Esclavons, avec les navires du port dans le fond et de nombreuses figures au premier plan. *La Piazzetta* offrait une partie de la colonne Saint-Marc et des monuments voisins. Puis venaient des vues épisodiques, choisies de manière à rendre l'aspect intime des lieux. Il ne manquait dans la série que la double colonnade de la place Saint-Marc avec la cathédrale au fond, le Palais ducal et le Campanile sur le côté. Mais Whistler, à bon escient, s'était abstenu de donner ce motif, que Canal et Guardi ont traité si souvent qu'ils l'ont fait leur, et n'ont laissé à la sagesse de leurs successeurs qu'à l'éviter.

Comme technique, les vues montraient cette faculté de leur auteur de faire fuir dans le lointain les sites qu'il peut lui convenir d'éloigner, avec cette non moins grande faculté de savoir choisir, dans chaque sujet, la partie saillante en éliminant les autres, de manière à toujours présenter une image pittoresque. Quant au travail de la pointe, il était d'une grande légèreté et, comparé à celui des œuvres antérieures, laissait voir une véritable simplification. Whistler avait donc su donner une représentation d'ensemble de Venise d'un caractère particulier, d'un aspect imprévu, en même temps il avait su renouveler ses procédés et sa facture. Le connaisseur, l'homme capable d'apprécier une chose selon son mérite et pour les qualités que comporte le genre d'art auquel elle appartient, ne pouvait donc ici manquer d'exprimer son éloge. Eh bien! jamais travail d'artiste ne fut reçu, de la part de la presse et des critiques, avec une pareille unanimité de dénigrement. Du plus petit au plus grand journal, des feuilles londoniennes à celles de la province, ce fut un concert pour déclarer que les nouvelles eaux-fortes ne valaient pas les anciennes et que ce que l'artiste montrait était indigne du sujet.

C'est qu'il existait une séparation absolue entre Whistler et les critiques, c'est qu'ils demeuraient tellement éloignés, qu'il était impossible qu'ils se rencontrassent. Whistler voyait et jugeait en peintre, les autres en littérateurs. La critique d'art à cette époque, en Angleterre, jugeait les choses du dessin et de la peinture d'après des notions empruntées tout entières à la littérature. Or, chaque art a son esthétique spéciale, sa technique particulière et ne peut être bien compris que si on lui applique ses règles propres. Cependant les critiques et les hommes de lettres ne savaient nullement remplir cette condition, en ce qui concernait les arts du dessin. Tous leur demandaient la même sorte d'images, et le même genre d'évocations, que ceux qu'ils obtenaient des œuvres de la plume. Et ils ne pouvaient trouver cela chez Whistler qui, précisément parce qu'il était le plus artiste des peintres, se montrait le moins littéraire sur le terrain de son art.

Outre la raison tirée de leur point de vue initial, qui empêchait les critiques de saisir le mérite des vues de Venise, il y avait encore ce fait qu'elles étaient d'un aspect inattendu. L'habitude et la routine règnent en tout lieu et Whistler sorti des voies battues, venait faire l'épreuve, une fois de plus, de ce qu'il en coûte à vouloir innover. Les nouvelles eaux-fortes étant, en comparaison des anciennes, d'une facture plus légère, d'un travail de la pointe simplifié, on les déclarait inférieures, comme dépourvues de ces qualités de fini que tous alors s'accordaient à réclamer. On ne les tenait donc que pour des manières d'esquisses, des sortes d'ébauches. A cette condamnation sur l'exécution, s'en ajoutait une autre plus grave encore. Les vues étaient, disait-on, indignes du sujet, elles ne rendaient aucunement l'aspect de noblesse, de beauté, de grandeur que doit suggérer Venise. La critique élevait ce dernier reproche sous l'impression où elle demeurait de la Venise offerte par les peintres anciens et les littérateurs. Whistler se retrouvait ici en conflit avec son ennemi Ruskin. Celui-ci avait en effet écrit *Les Pierres de Venise*, où, avec sa faculté de grand écrivain, il évoquait la splendeur passée. Ce livre offrait des images qui se présentaient tout naturellement à l'esprit, lorsqu'on songeait à Venise. On conservait en outre, devant les yeux, la magnificence du Tintoret avec son doge et ses sénateurs et de Canal et de Guardi, avec leurs gentilshommes en dominos et leurs dames masquées.

Il était vrai que rien de tout cela n'apparaissait dans les eaux-fortes de Whistler. Il avait vu la ville en l'année 1880, il n'y avait plus trouvé ni doge, ni sénateurs. La vieille splendeur s'était depuis longtemps évanouie. Elle avait été remplacée par une sorte de vétusté et de délabrement, qui s'était étendue à toutes les choses. Whistler avait reproduit ce caractère dernier de Venise. Il avait, fidèle observateur, rendu l'aspect appauvri des lieux, en conservant toutefois une véritable distinction et la noblesse déchue et la grandeur disparue qu'il montrait valaient, dans leur sincérité, la pompe et la magnificence passées. Mais sur les critiques et les écrivains, avec leurs notions préconçues, son œuvre produisait une déception

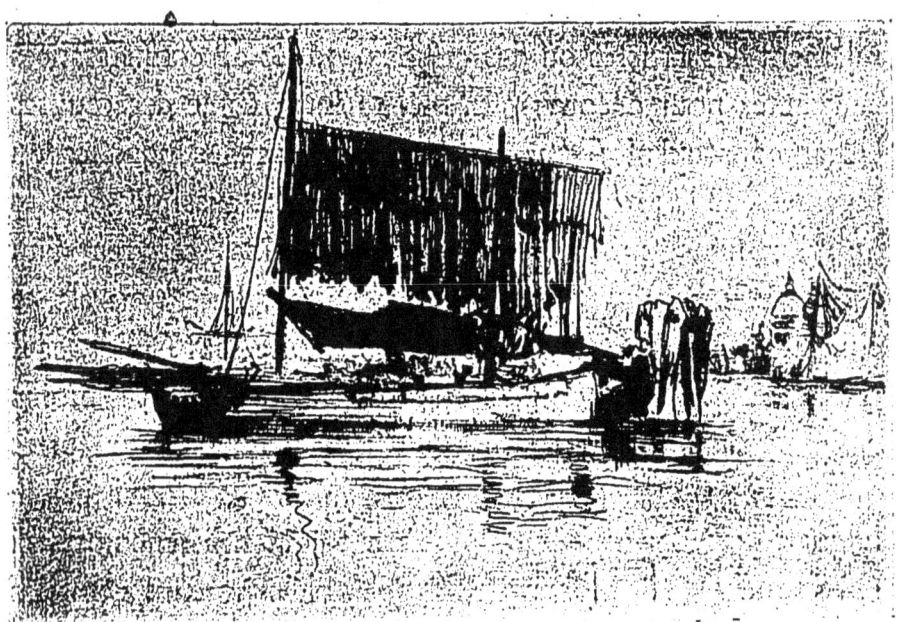

profonde, elle était jugée inférieure, elle rabaissait Venise, elle l'insultait presque.

Les critiques étaient donc aussi durs pour les dernières œuvres de la pointe qu'ils l'avaient été pour celles du pinceau, les nocturnes, et s'ils eussent aussi bien réussi à ruiner la réputation de Whistler comme graveur, qu'ils l'avaient fait précédemment comme peintre, il ne lui restait plus qu'à abandonner l'Angleterre et à chercher une autre terre où il pût vivre. Heureusement pour lui que les collectionneurs de gravures et d'eaux-fortes diffèrent, par leurs habitudes, des gens riches qui achètent des tableaux et qu'alors que les critiques d'art avaient éloigné ceux-ci, ils devaient rester impuissants contre les autres. Les amateurs d'estampes sont généralement des artistes ou des raffinés, doués de connaissances suffisantes pour découvrir le mérite intrinsèque des œuvres et par conséquent former leur opinion, sans s'inquiéter du jugement de la presse ou du public. Ce sont aussi des entêtés qui, lorsqu'ils ont une fois acquis certaines œuvres d'un artiste, veulent posséder toutes les autres. Leur type est ce collectionneur dont parle La Bruyère, qui a tout Callot, sauf une pièce qu'il sait très inférieure et qui n'en gémit pas moins de ne pouvoir se la procurer. La série des douze eaux-fortes offerte par la *Fine art Society*, quoiqu'elle ne trouva pas le même placement immédiat qu'elle eût peut-être rencontré, si la critique eût été moins défavorable, vit cependant venir les acheteurs et la vente s'opéra d'une manière satisfaisante.

Whistler avait imprimé lui-même les eaux-fortes exposées et on avait pu remarquer la perfection du tirage. Les collectionneurs savaient du reste depuis longtemps combien les épreuves obtenues par lui étaient supérieures à celles de tous autres. Les vues de Venise ne pouvaient que confirmer la vieille opinion formée de son mérite comme imprimeur. Le travail léger et simplifié de la pointe était complété par l'enveloppe sortie de l'impression. Dans le cas des nocturnes et des clairs-obscurs, c'était même au travail additionnel de l'impression que l'effet était presque entièrement dû. Whistler avait su, par l'encrage habile de la plaque, superposer à l'image venue de la pointe, une enveloppe générale rappelant l'aquateinte. Mais on se demandait combien différentes des épreuves exposées seraient celles qu'on devrait à n'importe quel imprimeur. Les collectionneurs achetant les vues de Venise, voulurent donc s'assurer que les épreuves qu'ils obtiendraient seraient d'un mérite égal à celles qu'ils voyaient et pour cela, ils exigèrent qu'elles fussent elles aussi tirées par l'auteur.

Whistler, jusqu'à ce jour, quoiqu'il eût obtenu lui-même d'assez nombreuses épreuves de quelques-unes de ses œuvres, ne s'était encore livré au travail de l'impression qu'accidentellement. Mais sur les demandes maintenant faites, il prit bravement son parti de se transformer en véritable imprimeur. Toute la série des vues de Venise devait être ainsi tirée par lui ou sous sa direction immédiate et le travail de l'impression forma, pendant plusieurs années, partie du labeur régulier de sa vie. On est bien obligé d'appliquer la désignation d'imprimeur à un homme produisant lui-même les épreuves de ses eaux-fortes, c'est le mot consacré et tout autre manque. Mais ces termes d' « imprimeur » et d' « impression » ne donnent qu'une idée imparfaite de tout ce que Whistler, encrant et tirant ses gravures en artiste, ajoute, sur les épreuves, à ce que l'imprimeur purement ouvrier, eût obtenu à sa place. Selon la sensation du moment, au gré de sa fantaisie, il force ou diminue l'encrage de telle ou telle partie, épaissit ou allège les ombres, supprime certains détails ou en fait apparaître d'imprévus. L'impression d'ensemble, tout en restant ferme et nette, est pleine de velouté; à l'occasion, pour produire de l'eau, pour rendre la nuit, pour ombrer certaines parties, il applique sur de larges surfaces des teintes dégradées et transparentes. Les vues de Venise tirées par lui ajoutent donc à leurs autres qualités, celle de ne point connaître la monotonie qui accompagne si souvent l'impression.

Whistler fit une seconde exposition de vues de Venise à la *Fine art Society*, en février 1883. Il venait montrer les dernières, restées inédites. Aux eaux-fortes de Venise, il avait ajouté un certain nombre de pièces anglaises, afin d'obtenir un ensemble important. Le public ne s'inquiète point en général de choses aussi spéciales que les eaux-fortes, il en laisse la vue et l'examen aux artistes et connaisseurs. Mais Whistler avait su trouver pour son exposition des excitants à la curiosité, qui allaient lui amener la foule. D'abord les salles avaient été décorées à l'aide d'un de ces arrangements, cette fois-ci en jaune et blanc, tel qu'il savait les combiner, et ensuite il avait préparé un extraordinaire catalogue, destiné à faire grand bruit. Il y avait complaisamment inséré les condamnations et les insultes de toute sorte, dont les critiques d'art avaient prétendu l'accabler. Pendant que tant de gens tremblent devant les jugements défavorables que la presse et les critiques peuvent émettre sur eux, Whistler donnait le spectacle d'un homme des plus maltraités, venant allégrement se moquer de ce qu'on avait écrit contre lui et aider à le répandre. Sous chaque numéro de son catalogue, apparaissaient des citations prises à un écrivain connu ou à un journal influent et toutes hostiles.

D'abord le jugement d'ensemble du *Truth* sur les douze vues : « Une nouvelle mois‑ 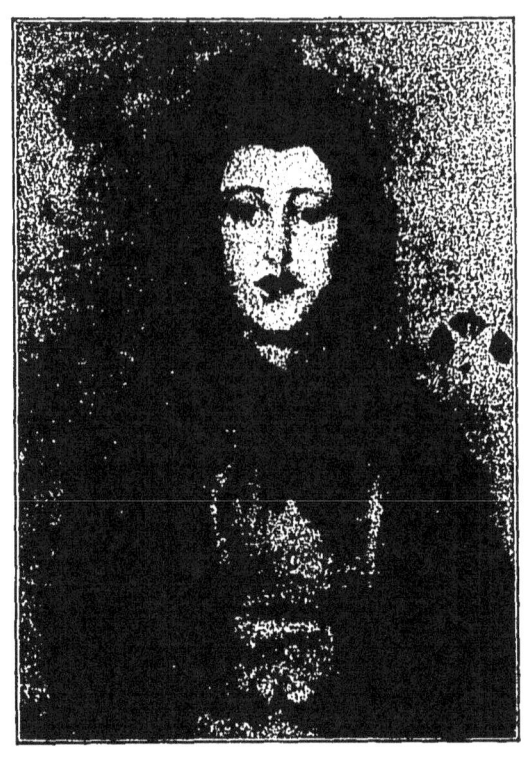 son des plaisanteries de Mr Wishtler. » Puis l'opinion sur l'artiste de nombreux critiques : « Mr Whistler est éminemment vulgaire. — Amateur prodige. — Mr Whistler a trop produit pour sa réputation. — Il y a des années Mr Whistler donnait de grandes espérances. » Et encore les condamnations portées sur les œuvres elles-mêmes : « Peu de chose pour les recommander, sauf l'excentricité de leurs titres. — La critique est impuissante ici. — Absence générale de ton — Désastreux échec. » On n'avait jamais vu un artiste faire fi à ce point de la critique. Le catalogue eut plusieurs éditions, tout le monde l'achetait et on l'emportait pour s'en amuser encore chez soi. L'opinion fut en définitive favorable à Whistler. Il y avait maintenant deux années que les vues de Venise avaient pour la meilleure part été montrées, elles avaient depuis fait leur chemin, on savait que les connaisseurs s'en étaient déclarés satisfaits, qu'elles étaient entrées dans les collections, pour s'ajouter aux anciennes œuvres, admirées d'un consentement général. On ne s'expliquait donc pas qu'elles eussent pu être aussi absolument condamnées à leur apparition et trouvées méprisables par les critiques d'art de profession. Pour une fois, Whistler avait le public de son côté contre les critiques.

MM. Dowdeswell éditèrent les dernières vues de Venise en 1886. La série tirée à trente épreuves, vendue cinquante guinées, se composait de vingt-six pièces, mais vingt et une seulement étaient de Venise, les autres de sujets anglais. La série des vingt et une vues comprenait, de même que la première de douze, des motifs variés. On y trouvait des vues d'ensemble, prises du loin et légèrement traitées, des nocturnes, des effets de clair-obscur et des sujets épisodiques. La perfection de l'impression s'était encore une fois présentée comme une question décisive, le travail de la pointe étant, pour certaines planches, peut-être encore plus léger que dans la précédente série et Whistler l'avait de nouveau résolue d'une manière satisfaisante, en imprimant lui-même les épreuves. Il avait mis en tête de la publication une sorte de préface où, sous le titre de *Propositions*, il établissait les règles et les principes à observer dans l'art de l'eau-forte.

PROPOSITIONS

I. Qu'en art il est criminel de vouloir aller au delà des moyens employés pour son exercice.

II. Que l'espace à couvrir doit toujours être proportionné aux moyens mis en œuvre pour le couvrir.

III. Que dans l'eau-forte, l'instrument employé étant la pointe la plus fine possible, l'espace à couvrir doit être réduit en proportion.

IV. Que tous les efforts faits pour dépasser les limites fixées par cette proportion, sont inartistiques et tendent à révéler l'insuffisance des moyens mis en œuvre, au lieu de la cacher, comme l'art l'exige dans son raffinement.

V. Que par conséquent la très grande plaque est une offense, — son entreprise une manifestation déplacée d'ignorance, — son exécution le triomphe de la volonté irréfléchie et de l'énergie sans contrôle, — qualités du cuistre.

VI. Que l'habitude de la « remarque » vient de l'amateur et montre sa sotte facilité à regarder sa gravure au delà du bord, manifestant ainsi son ignorance de sa dignité.

VII. Qu'elle est odieuse.

VIII. Qu'en réalité l'épreuve ne devrait point avoir de marge pour recevoir de remarque.

IX. Que l'usage de laisser une marge vient encore du profane et se perpétue d'une manière irraisonnée chez le collectionneur, prenant un curieux plaisir à la quantité du papier.

X. Que le tableau finissant où le cadre commence et dans le cas de l'eau-forte, le montage blanc étant inévitablement le cadre à cause de la couleur, le tableau s'étend ainsi malencontreusement à travers la marge au montage.

XI. Qu'un esprit de même sorte demanderait qu'on laissât six pouces de toile blanche entre la peinture et son cadre doré, de façon à délecter l'acheteur par la qualité de la toile.

Conformément à ces propositions, les dernières vues de Venise non seulement ne portent pas de remarque, mais n'ont aucune marge. Whistler, après l'impression, a coupé le papier tout autour, au ras de la gravure.

ANNÉES DE COMBAT

Whistler était donc resté debout, si l'on peut ainsi dire, sur le terrain de l'eau-forte; les critiques n'avaient pu persuader aux collectionneurs que ses vues de Venise ne valussent rien; comme graveur il avait en définitive l'avantage. Mais le combat engagé sur le terrain de la peinture ne lui était point de même favorable. Quoi qu'il fît, il devait rester des années sous le coup de la désastreuse condamnation prononcée contre lui. Le public ne voyait toujours en lui que l'auteur excentrique ou mystificateur des nocturnes, le côté humain et vivant de sa peinture était ignoré et cessait d'être senti. Dans ces conditions, la poursuite de son art lui devenait difficile. Les acheteurs devaient manquer pour les tableaux d'ordre varié qu'il produirait et on ne devait plus lui demander de portraits et lui permettre ainsi de continuer, dans une branche qu'il avait si spécialement cultivée.

Cependant, comme il y a toujours des exceptions, il se trouva quelqu'un, Mme Meux, la femme d'un riche brasseur qui, aussitôt après son retour de Venise, eut le courage de lui faire exécuter des portraits. Car à ce moment et pendant quelques années, ce fut un acte de courage que de se faire peindre par Whistler. On n'était pas seulement tenu pour original ou excentrique en agissant ainsi — et beaucoup de gens sont prêts à accepter la réputation de cet ordre qu'on peut leur faire — mais on passait pour un ignorant, dénué de compréhension artistique et surtout pour une dupe, mettant son argent à des choses de nulle valeur. Et le souci d'éviter spécialement ces dernières qualifications est fait pour effrayer les gens, comme Whistler s'en apercevait au vide survenu autour de son atelier. Cependant Mme Meux, sans s'inquiéter de l'opinion des autres, lui demandait un premier portrait.

Il l'a représentée debout, en robe de soirée, décolletée, la tête et les bras nus. Le fond de la toile est de ce noir intense auquel il aimait à revenir; et la robe aussi est noire, quoique un peu plus claire que le fond. Mais alors, pour détacher le modèle ainsi vêtu sur le fond, il l'a entouré d'une longue fourrure blanche, en mouton du Thibet. De la sorte les chairs et la fourrure blanche, ressortant seules sur le noir général, la figure apparaît avec quelque chose de mystérieux et de fantastique. Mme Meux fut ravie de ce portrait. C'était un cas tout à fait rare que celui de cette femme, capable d'apprécier l'art de Whistler, alors que les grands juges et les critiques fameux n'y découvraient que matière à dénigrement. Mme Meux, dans son contentement d'être mise sur la toile d'une façon si distinguée, voulut posséder immédiatement un second portrait. Whistler exécuta celui-ci, en contraste avec le premier, dans les tons très clairs. Le modèle est debout coiffé d'un large chapeau rose et vêtu d'une robe de même couleur. Le tableau est ainsi devenu une *Harmonie en gris et rose*. Puis Mme Meux fit exécuter un troisième portrait.

Lady Archibald Campbell vint après cela se faire peindre elle aussi par Whistler. Elle appartenait à la grande aristocratie, son mari était fils du duc d'Argyll et frère du marquis de Lorne, qui avait épousé la princesse Louise d'Angleterre, fille de la reine Victoria. C'était une femme de grande taille, de grande distinction, svelte, blonde et, par surcroît, intelligente

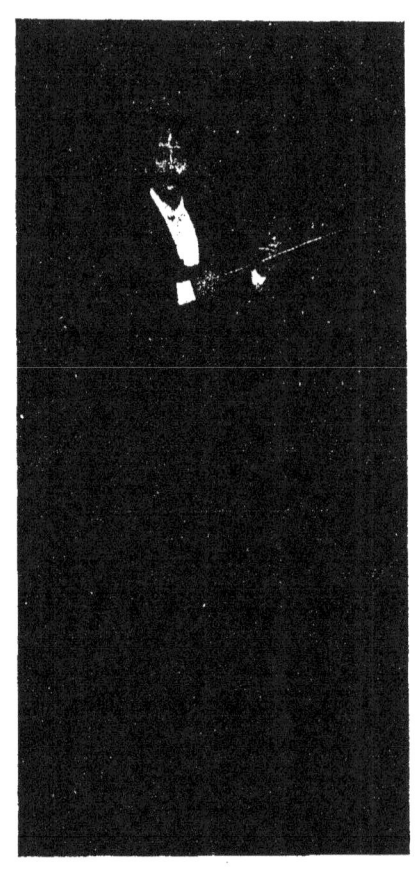

Sarasate.

et d'esprit indépendant. Elle offrait à un peintre un modèle idéal. Whistler voulut profiter de l'avantage, en faisant d'elle plusieurs portraits saisissants. Il se mit à la peindre dans des poses imprévues. Mais outre que la femme en sa qualité de beauté, était capricieuse, elle se trouvait soumise aux railleries et aux reproches de son entourage d'aller choisir un peintre aussi décrié que l'était alors Whistler. Aussi, selon l'influence que pouvaient avoir respectivement sur elle les railleries et les attaques du dehors contre Whistler ou les raisons et l'influence de celui-ci, elle se prêtait à ce qu'il entreprenait ou voulait y apporter des modifications et même faire changer ce qu'elle avait d'abord trouvé bien. Les choses continuèrent ainsi assez longtemps et Whistler avait en train un certain nombre de toiles avec des poses différentes, sans avoir pu encore en terminer une seule, mais cependant en ayant poussé une entre autres, à un point voisin de la réussite.

Je ne sais pas bien ce qui se passa alors, mais quelqu'un avait dû pénétrer dans l'atelier de Whistler et voir les poses données à Lady Archibald. Il avait dû communiquer son impression défavorable à l'entourage et à la famille de la dame, qui en avaient ressenti un tel mécontentement, qu'ils avaient dû lui faire des remontrances, probablement violentes. Toujours est-il qu'un jour, arrivant à l'atelier très surexcitée, elle demanda à Whistler de tout changer dans les poses données, de recommencer en particulier le portrait sur le point d'être terminé. Whistler qui s'était plié, autant qu'il avait pu, aux

Portrait de Lady Archibald Campbell.

exigences de la dame, pour parvenir à terminer quand même un portrait d'elle, à cette demande qui devait mettre à néant son long travail, sans lui laisser même la certitude de pouvoir recommencer à nouveau, fut pris d'un véritable accès de découragement. On en venait à lui rendre l'exercice de son art impossible. L'opinion du dehors était telle qu'il ne pouvait plus trouver d'acheteurs pour ses tableaux et quand, par exception, il décidait une femme courageuse à poser, on s'acharnait après elle de telle façon qu'on l'amenait elle aussi à se retourner contre lui. Il se sentait poursuivi jusque dans son atelier.

Ce ne fut qu'avec peine qu'il obtint de Lady Archibald de continuer à poser, de manière au moins que le portrait le plus avancé pût être achevé, les autres furent abandonnés. Dans le portrait mené à bonne fin, la pose a certes un caractère inattendu, mais elle est cependant naturelle. La dame s'éloigne avec une sorte de dédain, qui sied bien à sa beauté, en boutonnant son gant et en détournant la tête, comme pour jeter un dernier regard au spectateur avant de disparaître. On n'a besoin d'aucun renseignement pour reconnaître que la personne ainsi peinte est de la société des princesses.

Le tableau fut exposé à la Grosvenor Gallery, à Londres, en 1884, au Salon, à Paris, en 1885 et à Munich, en 1888, comme le portrait de *Lady Archibald Campbell*, puis Whistler vint à en changer le titre et à l'appeler la *Dame au brodequin jaune*, d'après la chaussure du pied en mouvement. C'est sous cette désignation qu'il a figuré à l'exposition d'ensemble des

NOCTURNE

Lithographie. — Reproduction Clot

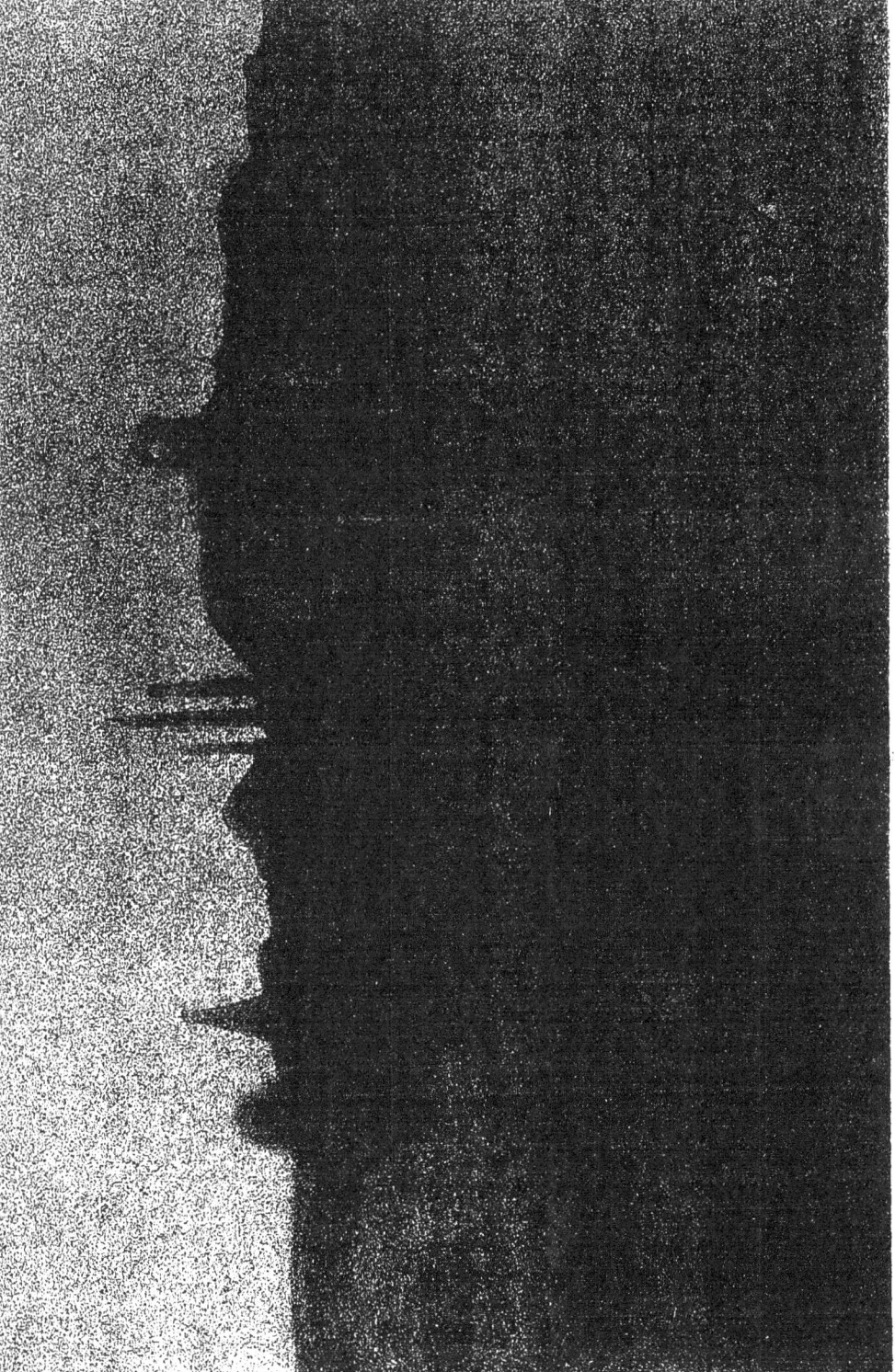

œuvres de Whistler, chez MM. Boussod Valadon, à Londres, en 1892, et qu'il a définitivement pris place dans la collection Wilstach, à Philadelphie.

Mme Meux et Lady Archibald Campbell furent les seules personnes dont il eut, dans les premiers temps qui suivirent son retour de Venise, à faire le portrait. Il n'en vint point d'autres pour être peintes. Ce n'est pas que l'obscurité se fît sur son nom, au contraire les polémiques de presse, ses démêlés avec les critiques, son fameux catalogue de la seconde exposition des vues de Venise, le tenaient très en vue et il passait à l'état d'homme connu de tout Londres. Mais il ne retirait aucun avantage de cette célébrité pour sa peinture. On considérait de plus en plus en lui l'homme d'esprit, le polémiste, l'écrivain, et on dédaignait plus que jamais le peintre. Dans ces circonstances, il lui restait des loisirs pour exécuter les conceptions d'ordre pictural qu'il pouvait former et je vais dire comment je lui servis à réaliser la peinture de « l'habit noir ». Cela me permettra d'ailleurs de donner une vue sur sa manière même de combiner et d'exécuter une œuvre.

Un soir de l'année 1883, nous dînions ensemble dans la maison qu'il habitait alors à Londres, Fulham road. Nous avions assisté dans la journée à l'ouverture d'une exposition de peinture et nous passions en revue les tableaux que nous y avions remarqués. Il en vint à critiquer particulièrement le portrait du président d'une société ou corporation. Le personnage était représenté nu-tête, les cheveux séparés par une raie sur le front et frisés, et en même temps vêtu d'une robe rouge de forme antique, insigne de sa charge. Cette combinaison d'une tête coiffée à la mode du jour et de cette vieille robe lui paraissait d'un goût détestable. La conversation roula dès lors sur le costume et la pose à choisir dans le portrait. Nous convinmes qu'on devait faire poser diversement les originaux, selon leur physique et les vêtir d'un des costumes qu'ils mettaient d'habitude. Or, l'habit noir, *l'evening dress*, était un vêtement dans lequel les gentlemen en Angleterre passaient une partie de leur vie, qu'ils portaient à dîner, en société, au théâtre, au bal, et cependant on ne peignait jamais personne avec. Était-il donc tellement ingrat et offrait-il de telles difficultés d'exécution que les peintres dussent l'écarter systématiquement ?

La conclusion fut qu'il fallait peindre « l'habit noir » et, après un instant de réflexion, Whistler me demanda de le poser. Il fut donc entendu qu'il ferait de moi un portrait en habit noir. On décida successivement qu'il serait en pied, de grandeur naturelle, avec un fond clair. Il ne s'inquiétait évidemment point des difficultés à prévoir, car la pose debout, sur fond clair était certes de toutes la plus ardue. Il fallait après cela trouver un arrangement, un accessoire, quelque chose qui rendît moins rébarbatif l'homme noir des pieds à la tête. J'avoue que je n'avais rien à suggérer. Whistler y pensa un assez long temps, enfin quand il fut fixé, il me dit : « Venez tel jour, apportez votre habit et un domino rose. » Je fus assez surpris du domino, mais sans faire de réflexions, j'allai chercher l'objet chez un costumier du théâtre de Covent Garden et le jour dit, j'étais dans son atelier de Tite Street.

Il me fit poser debout, devant une tenture d'étoffe gris rose, le domino rose jeté sur le bras gauche, nu-tête, le chapeau tenu du bras droit tombant, et il se mit à attaquer le portrait sans dessin préliminaire. Il avait tout juste posé à la craie, sur la toile blanche, quelques repères pour indiquer en haut la tête, en bas les pieds, à droite et à gauche, la place du corps. Il appliqua tout de suite sur la toile les couleurs et les tons, tels qu'ils devraient exister dans le tableau définitif. A la fin de la séance, on pouvait déjà juger de la physionomie générale qu'aurait l'œuvre. Il y avait, comme premier motif, un homme debout, vu de face, en habit noir, puis le domino lui avait permis de réaliser la combinaison de coloris d'ordre décoratif qu'il introduisait dans toute œuvre peinte, le noir du vêtement, le rose du domino et le gris rose du fond formaient un *Arrangement en couleur chair et noir*. Le domino lui avait encore servi à déterminer le caractère du modèle, qui pouvait passer pour un monsieur entrant à un bal. Et enfin il lui avait permis, tombant à gauche sur la jambe et la couvrant en partie, de détruire le parallélisme roide des deux côtés du corps et de diversifier les contours. Cette idée du domino lui était donc venue comme une véritable invention de peintre, il avait tiré d'un objet très simple l'arrangement imprévu d'un tableau.

Il continua à me faire poser pendant de longues séances. Il peignait dans le même temps que mon portrait, celui de Lady Archibald Campbell. Il menait de front les deux œuvres et je pouvais observer les degrés par lesquels il les faisait parallèlement passer. Un de ses principaux soucis, à mesure qu'il les avançait, était de leur maintenir l'aspect de choses produites sans effort. Au lieu d'ajouter des détails, il en supprimait plutôt et gardait avant tout le faire large. Ce que ses détracteurs lui reprochaient, de ne peindre que des tableaux tenus pour des esquisses, n'était donc point chez lui la conséquence d'une absence d'effort, mais venait de sa conception même de l'œuvre d'art et était au contraire le résultat d'une attention persistante

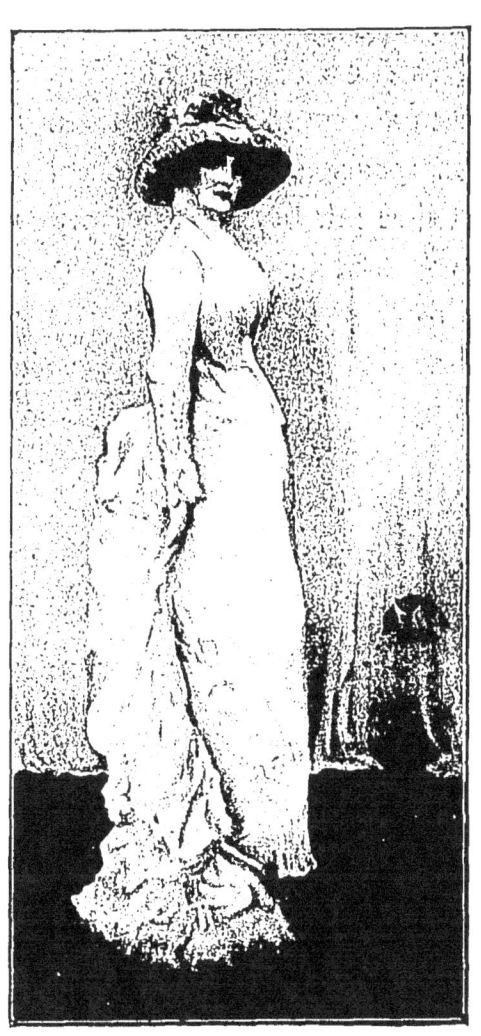

Lady Meux. Gris et rose.

et d'un supplément de travail. On comprendra qu'il pût en être ainsi, quand on connaîtra les règles de l'esthétique qu'il appliquait et qu'il a formulées, comme complément à ses propositions déjà émises sur l'eau-forte.

PROPOSITIONS N° 2

« Un tableau est fini quand toute trace des moyens
« employés pour son exécution a disparu.

« Dire d'un tableau, comme on le fait souvent à sa louange,
« qu'il laisse voir un grand et consciencieux travail, est dire
« qu'il est incomplet et indigne d'être vu.

« L'application dans l'art est une nécessité, non une vertu,
« et toute trace qui en apparaît dans l'exécution est un
« défaut non une qualité ; une preuve non pas de réussite
« mais d'insuffisance de travail, car le travail seul peut effacer
« les traces du travail.

« L'œuvre du maître ne sent pas la sueur de son front,
« ne suggère aucun effort et est réussie dès le commence-
« ment.

« La tâche complétée de la seule persévérance n'a jamais
« été commencée et restera sans être finie pour l'éternité,
« un monument de bonne volonté et de sottise.

« Il y a celui qui travaille, qui prend de la peine, qui se
« hâte et qui n'en reste que d'autant plus en arrière.

« Le chef-d'œuvre doit apparaître de même que la fleur

« au peintre — parfaite dans son bouton comme dans son
« épanouissement, — sans raison pour expliquer sa pré-
« sence, sans mission à remplir, une joie pour l'artiste, une
« illusion pour le philanthrope, une énigme pour le bota-
« niste, un accident de sentiment et d'allitération pour le
« littérateur. »

D'après ces principes, il ajoutait réellement du travail à celui que l'achèvement d'une œuvre exigeait, pour lui ôter en dernier lieu toute apparence d'effort et de peine.

Un autre point, dans l'exécution d'un tableau, auquel il prêtait la plus grande attention, était de maintenir le rapport des tons entre toutes les parties. Par exemple dans un sujet comme mon portrait, où l'arrangement en couleur chair et noir était formé par le vêtement noir d'une part et le domino rose et le fond gris de l'autre, dès que la plus légère déviation de ton apparaissait soit sur le noir du vêtement, soit sur le gris du fond, il repassait une couche de couleur sur tout l'ensemble, pour en ramener les moindres parties au rapport exact, qui constituait l'arrangement recherché. Il a dû repeindre ainsi peut-être dix fois le personnage et le fond. Le portrait retravaillé à trois reprises, ne fut achevé que plusieurs mois après qu'il eut été commencé. Aucun peintre n'a pris plus de peine sur ses tableaux, que Whistler. Aujourd'hui l'œil exercé reconnaît bien que, dans sa construction, l'œuvre n'a pu venir que d'une application prolongée, mais quand elle fut d'abord montrée au Salon, à Paris, en 1885, on lui trouva, selon la préconception qu'on avait alors, le caractère d'une esquisse et la plupart des gens pensèrent que son exécution avait dû demander fort peu de temps. Il avait donc bien réalisé la première règle de son esthétique, qu'une œuvre très travaillée devait cependant apparaître comme venue de jet et sans effort.

Whistler était réellement doué d'un caractère de combattant. Et comme sa peinture restait méconnue, il devait pendant des années persister dans sa polémique pour la faire accepter, en rendant avec usure aux critiques et aux journalistes les coups qu'ils voudraient lui porter. Il devait déployer dans cette guerre un véritable talent d'écrivain. Il allait prendre ainsi la singulière situation qu'aucun peintre n'avait probablement encore occupée, d'un homme tenu par les critiques et les journalistes pour une sorte de confrère, et alors ils se comporteraient avec lui comme ayant affaire à un homme de lettres, s'inquiétant des idées qu'il émettrait par la plume, au moins autant que des choses qu'il produirait par le pinceau. Ses écrits montraient la combinaison de l'humour américaine avec le trait vif décoché à la française et du raisonnement très logique avec une veine ininterrompue, de drôlerie et de persiflage. Les critiques habitués à voir les artistes trembler devant eux, se trouvaient maintenant attaqués sans répit par Whistler, qui tournait leurs jugements en ridicule et relevait leurs moindres bévues. Un journal hebdomadaire fort lu, le *World*, lui avait ouvert ses colonnes et il s'y tenait au combat. Il attira ainsi l'attention du public mondain s'intéressant à sa manière aux choses d'art, qui se divertit aux horions échangés entre artiste et critiques. On lui fit donc accueil dans les clubs, où l'on se réunissait pour causer et dans les salons, où l'on recherchait les gens d'esprit. Et comme il possédait une verve et un esprit caustiques qui en faisaient un homme aussi bien servi par la parole que par la plume, la réunion des deux avantages lui valut une notoriété à part dans la société, à Londres.

Alors on en vint à répéter ses mots et ses saillies — souvent à contre-sens — et à s'occuper de ce que l'on appelait ses excentricités et ses bizarreries. Il avait sur le devant de la tête une mèche de cheveux blancs se détachant au milieu de la chevelure noire. Cette mèche devint célèbre; elle servit de motif aux caricatures et donna de la copie aux reporters du journalisme. On ne cessa non plus de remarquer ses costumes. En France où le « genre artiste » comportait toutes les fantaisies de tenue, on ne se fût guère arrêté sur la manière dont un peintre pût se vêtir, mais en Angleterre, où les artistes ne s'étaient pas encore permis de transgresser sur la correction commune, le mélange chez Whistler des manières d'un gentleman et d'une pose et d'une tenue fantaisistes d'artiste étonnait, aussi quand il passait dans la rue avec sa mince canne et son monocle, les passants ne manquaient-ils pas de se retourner et tous finirent par savoir qui il était.

Il avait commencé et poursuivi sa bataille contre les critiques et sa lutte avec le public dans le but d'imposer sa pein-

PORTRAIT DE THOMAS CARLYLE
Arrangement en gris et noir
Musée de Glasgow. — Bois de T. Beltrand

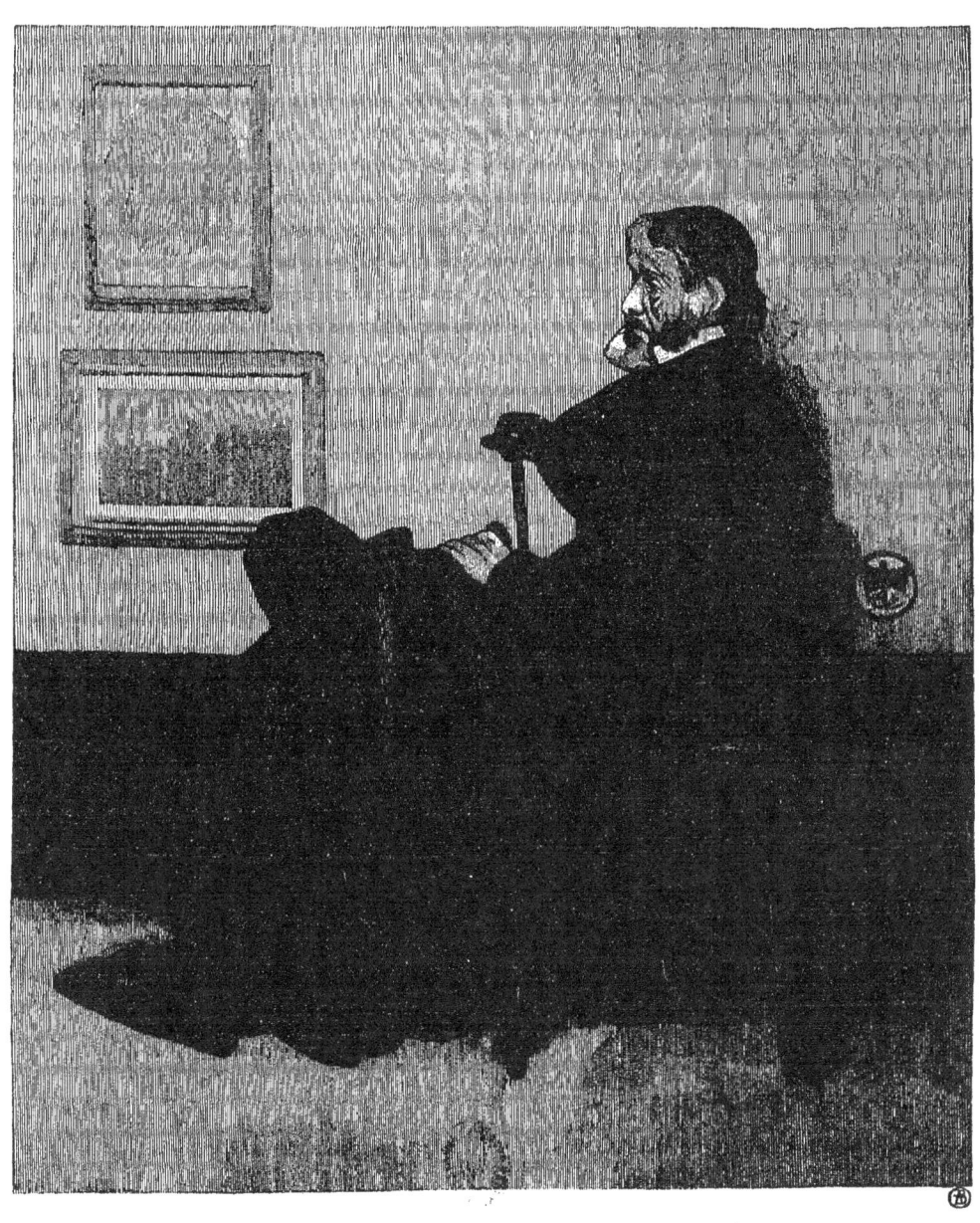

ture sous sa forme originale, mais s'il n'avait encore pu réussir dans cette entreprise, il avait au moins recueilli un avantage sur un autre terrain. Toujours méconnu comme peintre, il était maintenant réputé comme écrivain, comme homme d'esprit, comme original. Il obtenait ainsi des satisfactions d'un ordre particulier, qui en effet lui donnaient un certain contentement. Mais au fond l'ulcération persistait chez lui de voir son art méconnu et c'est ce qui explique l'âpreté qu'il apportait dans ses démêlés avec les journalistes, les artistes et les critiques. L'ambition du peintre restait plus que jamais la passion dominante. On s'en apercevait dès qu'on le voyait à son atelier. Cet homme qui, rencontré le soir dans les salons et les clubs, eût pu être tenu pour un pur mondain, se retrouvait le jour le travailleur qu'il n'avait jamais cessé d'être. Son atelier était austère ; des toiles retournées contre les murs, quelques sièges, une table et c'était tout. Il fronçait le sourcil une fois au travail, à la seule approche des philistins et n'avait que des rebuffades, pour les gens sans jugement artistique. Il ne supportait la fréquentation à son atelier que de très rares amis. Les visiteurs qu'il avait pu avoir autrefois parmi les critiques et les écrivains, avaient été écartés ou s'étaient éloignés à la suite de ses attaques contre la confrérie entière des critiques et, à la fin, il ne recevait plus d'homme connu qu'Oscar Wilde.

Les relations entre Whistler et Oscar Wilde s'étaient surtout nouées en société, ils n'avaient d'abord entretenu que des rapports mondains. C'est tous les deux comme réputés parmi les originaux, qu'ils avaient été amenés à se lier. Rien ne faisait prévoir à cette époque la fin tragique d'Oscar Wilde. Les journaux illustrés, surtout le *Punch* avec Du Maurier, l'avaient rendu célèbre, en en faisant le type de l'esthète, de l'homme raffiné, plein d'un mépris nonchalant pour la vie vulgaire. Il avait accepté le rôle, qu'il jouait au naturel dans le monde. C'était, de par sa naissance, son éducation et son aisance de manières, un gentleman. Il possédait une réelle culture littéraire et un talent suffisant pour se faire accepter comme dramaturge.

Tant que Whistler et Oscar Wilde s'étaient bornés à se rencontrer dans le monde, les bons rapports avaient duré. Leurs succès n'étaient point du même ordre et les deux hommes pouvaient, dans les clubs et les salons, demeurer côte à côte sans trop se heurter et se jalouser. Mais lorsque l'intimité fut devenue telle qu'Oscar Wilde en vint à fréquenter Whistler dans son atelier, la mésintelligence et la rupture ne pouvaient manquer de survenir. Oscar Wilde n'avait en art, surtout en peinture, aucune perception. Je l'ai souvent vu à cette époque et c'était une source d'étonnement pour moi, qu'un homme élevé au rang d'esthète représentatif, pût être aussi dénué de jugement artistique. Or, il était impossible de conserver avec Whistler des rapports d'intimité allant jusqu'à le fréquenter dans son atelier, lorsqu'on ne savait parler en appréciateur sur l'art en général et sur le sien en particulier.

Il possédait un flair qui lui faisait immédiatement reconnaître les gens auxquels son art ne disait rien ou déplaisait et qui les lui rendait insupportables. Il était doué de cette extrême sensibilité de l'artiste, qu'on ne peut mieux comparer qu'à celle des félins, du chat, incapables de tolérer les êtres qui ne sentent pas avec eux. Alors que leurs relations paraissaient établies sur le meilleur pied, Whistler et Oscar Wilde en vinrent donc à se heurter, à échanger dans la presse des épigrammes, des coups de griffe désobligeants et, d'attaques en récriminations, ils se brouillèrent complètement.

Whistler devait comme écrivain se résumer dans son *Ten o'clock*. Avant d'être imprimé, le *Ten o'clock* fut d'abord délivré oralement. Son nom *Dix heures* lui vient de l'heure à laquelle le public avait été invité à l'entendre. Whistler qui trouvait qu'à Londres, où l'on dîne très tard, l'habitude de fixer les lectures à huit ou neuf heures était incommode, avait reculé la sienne jusqu'à dix heures. Un artiste qui discourt sur l'art, ne peut guère s'attendre qu'à grouper un public restreint, mais Whistler jouissait d'une telle réputation qu'il allait réussir à se faire un auditoire excessivement brillant et nombreux. On savait que quand il invitait les gens, ce n'était pas pour les laisser s'ennuyer. La salle de Prince's hall dans Piccadilly où il donnait sa lecture, se trouva donc remplie d'artistes, de critiques, de gens de lettres, présumant qu'ils entendraient quelque chose à leur adresse et d'hommes et de femmes du monde, du très grand monde, venus avec l'espérance de passer une soirée qui ne serait pas banale. Personne ne devait être déçu. Le *Ten o'clock* est composé d'apophtegmes, de jugements élevés sur l'art et en même temps d'épigrammes, de sarcasmes, où les ennemis de l'auteur sont fort spirituellement dépeints et malmenés. La partie dogmatique fut écoutée avec étonnement par la plupart des gens, qui, à force de s'occuper des prétendues excentricités de Whistler, ne savaient plus quelles idées sérieuses il pouvait nourrir sur son art, mais alors les épigrammes et les peintures caustiques causèrent une véritable joie. Tous les gens visés, les critiques, les journalistes, les esthètes étaient là présents et, à mesure que Whistler arrivait à eux dans ses allusions, l'assistance qui les voyait, les trouvait si bien saisis, qu'elle manifestait son plaisir par des rires bruyants et son appréciation du talent de l'orateur par de longs applaudissements. Whistler retirait donc de sa soirée du Prince's hall le succès qu'il avait pu s'en promettre.

Le *Ten o'clock* avait été donné à Londres le 20 février 1885. Il en donna deux autres lectures aux universités à Cambridge le 24 mars, à Oxford le 30 avril. Il resta ensuite assez longtemps sans le publier et ce ne fut qu'en 1888 qu'il le fit imprimer. Le *Ten o'clock* délivré oralement avait déjà suscité d'assez nombreuses remarques dans la presse, il en suscita de nouvelles et plus nombreuses sous la forme imprimée. Les critiques en condamnèrent généralement les idées et, par une sorte de comble, Swinburne, entrant en lice, prétendit lui aussi le réfuter dans la *Fortnightly review* de juin 1888. Swinburne qui autrefois à Cheyne Walk avait été l'ami de Whistler et un des visiteurs de son atelier, se tournait maintenant contre lui. Comme les autres, il jugeait les choses d'art d'après des considérations littéraires et frappait lui aussi à côté. Whistler indigné qu'un poète se mêlât aux écrivains de tout ordre qui le poursuivaient, répliqua publiquement à Swinburne, lui reprochant de quitter sa lyre pour étaler dans un vulgaire article son ignorance des choses d'art. Cette polémique mit fin à leurs rapports.

Mme Louis Huth.

La *Society of British artists* était une vieille société de Londres qui, après des jours prospères, était tombée dans le déclin. Elle avait ses salles d'exposition au fond d'une rue en cul-de-sac, Suffolk street. Ce lieu s'était trouvé tout à côté des expositions de la Royal Academy, alors qu'elles s'étaient tenues à Trafalgar square, dans une partie du monument maintenant pris tout entier par la National Gallery. Mais lorsque la Royal Academy abandonnant son premier siège, fut venue occuper un local spécialement construit pour elle dans Piccadilly, la Burlington house, la *Society of British artists* demeura loin du courant artistique et les visiteurs qu'elle avait attirés jusqu'alors, commencèrent à lui manquer. L'ouverture de la Grosvenor Gallery plus au loin encore, dans Bond street, était venue lui porter un nouveau coup. Les expositions de la *Society of British artists* avaient été comme une annexe de celles de la Royal Academy, où l'on pouvait voir les artistes repoussés du sanctuaire officiel. Mais ce rôle d'exposition annexe avait maintenant été pris par la plus jeune et mieux située Grosvenor Gallery. La *Society of British artists* restait donc délaissée et sentait la vie lui manquer.

Elle se mit alors à rechercher des éléments nouveaux d'attrait et elle jugea que le meilleur serait de recruter quelque artiste au nom retentissant. Whistler remplissait au mieux les conditions, aussi la Grosvenor Gallery à son ouverture l'avait-elle pris, avec la pensée qu'il l'aiderait à exciter la curiosité publique et la *Society of British artists* songeait à son tour à lui, pour en obtenir le même avantage. Il recevait conséquemment l'invitation de la société d'exposer dans ses galeries, on prendrait les œuvres qu'il voudrait, mises à la première place. Il avait continué depuis son retour de Venise d'exposer à la Grosvenor Gallery. En 1881 il y avait envoyé le *portrait de Miss Alexander*, et en 1884 celui de *Lady Archibald Campbell*, mais les propositions de la *Society of British artists* lui parurent tellement avantageuses qu'il crut devoir les accepter. Délaissant

Bond Street et la Grosvenor Gallery, il allait donc maintenant montrer ses œuvres dans Suffolk street. La *Society of British artists* avait annuellement deux expositions, une d'hiver et une d'été. Whistler débutait chez elle à l'exposition d'hiver de 1884, avec le *portrait de M*^me *Louis Huth*, peint en 1877. A l'exposition d'été de 1885, il mettait une série d'aquarelles et dominant le tout, le portrait en pied du *violoniste Sarasate*, récemment peint.

C'était la seconde fois qu'il peignait un homme en habit noir et, comme sa coutume lorsqu'il avait exécuté un certain motif, était de ne point le répéter ou s'il le faisait, de lui trouver une combinaison de coloris ou des accessoires différents, son premier portrait d'un modèle en habit noir ayant été peint sur fond clair, son second devait être sur fond sombre. *Le portrait de Sarasate* avec son arrangement tout en noir et son enveloppe très sensible, ressemble à un nocturne. Or comme les nocturnes restaient toujours particulièrement honnis, il n'est pas étonnant qu'il ne fût très discuté, admiré par une élite et les jeunes artistes, incompris et dénigré par la foule. Whistler y avait d'ailleurs heureusement réalisé ce qu'il avait recherché. Sarasate, debout, le violon à la main, donne bien l'idée du virtuose inspiré ! Le portrait se trouve maintenant au Musée de Pittsburgh.

La *Society of British artists* s'était vue ranimée par Whistler. Elle avait, grâce à sa présence, obtenu dans la presse et le public, une attention à laquelle elle n'était plus habituée. Elle pensa maintenant à faire un pas de plus, à le placer à sa tête, afin de retirer tout le fruit possible de sa célébrité. En juin 1886, il fut donc élu président. Il chercha alors, en continuant à exposer de nombreuses œuvres de divers genres et en introduisant certaines réformes, à rénover le vieil organisme. Dans l'hiver de 1885, il avait montré, entre autres choses, le *portrait de Mme Cassatt, arrangement en noir n° 8*. En 1886 il montrait un *portrait de Lady Colin Campbell, harmonie en blanc d'ivoire*; en 1887 le *portrait de Mme Walter Sickert, arrangement en violet et rose*. Il recrutait en même temps de nouveaux membres, choisis parmi les artistes connus de l'Angleterre et de l'étranger. Il obtenait une charte qui permettait à la société de se qualifier de « Royale ». En 1887, l'exposition annuelle arrangée par lui présentait un aspect inattendu. A l'accumulation habituelle d'œuvres sans mérite, succédait un choix restreint, où dominaient surtout les productions des nouveaux venus de talent. Les salles, autrefois sombres, avaient été décorées d'après une combinaison de couleurs claires et gaies.

Mais ces innovations heurtaient tellement les intérêts des membres négligés, elles déplaisaient si fort aux anciens, attachés aux errements traditionnels, qu'elles soulevèrent une violente opposition. A une nouvelle élection en juin 1888, Whistler et ses partisans se virent en minorité et un artiste routinier M. Bayliss, fut élu président. Dès lors une réaction complète se produisit contre les réformes introduites. Whistler et les artistes amenés par lui se retirèrent, après quoi la vieille

Jeune femme dite l'AMÉRICAINE
Arrangement en blanc et noir N° 1
Exposition de la Grosvenor Gallery 1878

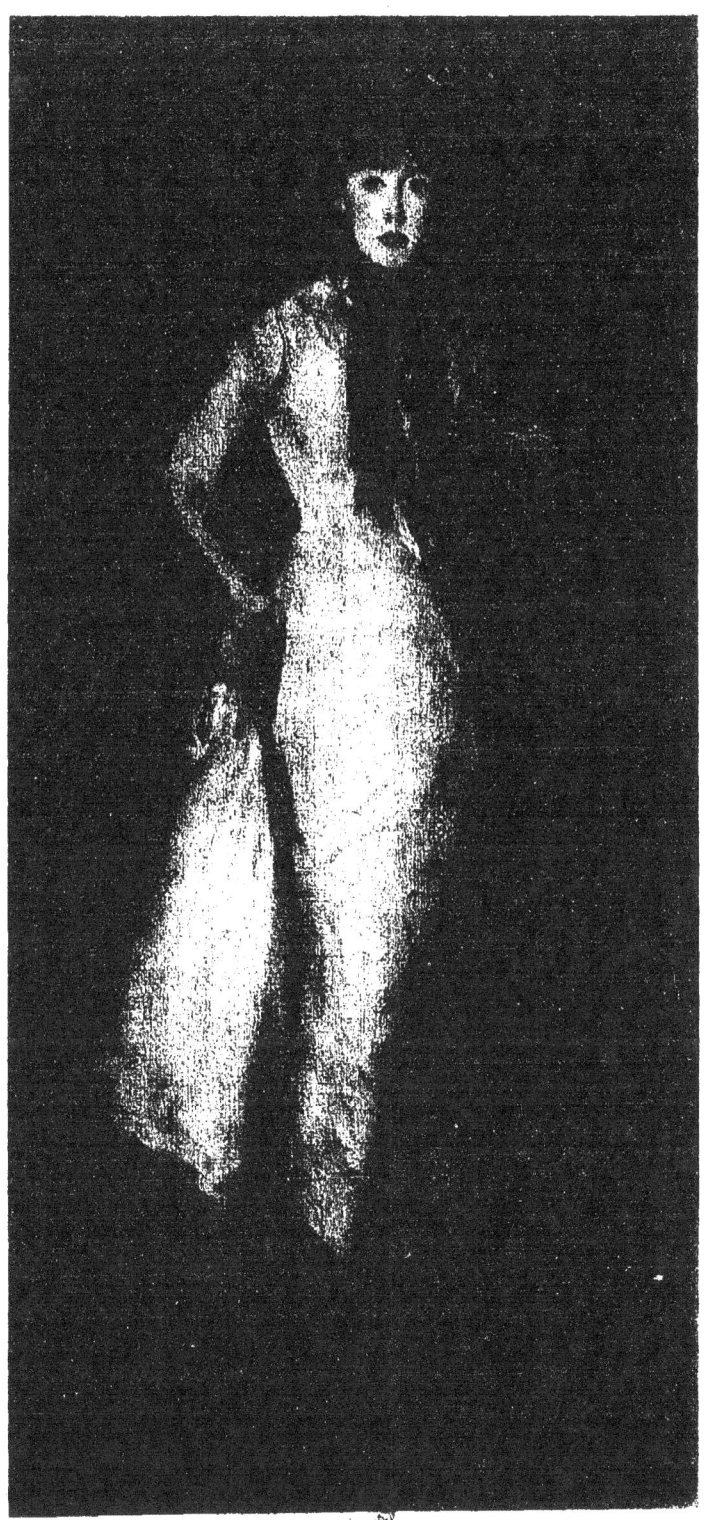

société redevenue semblable à elle-même, reprit son existence somnolente.

En l'année 1888, où nous sommes maintenant parvenus, Whistler comme peintre demeurait généralement incompris. L'état de l'opinion publique, à première vue, ne paraissait guère changé à son égard. Cependant au fond il gagnait du terrain. Les artistes de la nouvelle génération goûtaient son originalité. On pouvait reconnaître chez nombre d'entre eux des reflets de sa manière ou même des emprunts directs faits à ses procédés et à son esthétique. Le public lui-même, si son jugement demeurait toujours défavorable, se calmait depuis qu'il ne voyait plus de nouvelles œuvres, du genre de celles qui l'avaient d'abord exaspéré. Whistler en effet quelque fût son esprit de combativité, avait fléchi sur le point des nocturnes, il n'en produisait plus. Il s'opérait donc en sa faveur un travail souterrain de l'opinion. On peut ainsi donner les années 1883-1884 comme celles où arrive à son point extrême l'animadversion en Angleterre et où, après cela, un mouvement en sens contraire se prépare. Un dernier incident, qui aura marqué l'hostilité existante, se produisait à la vente de la collection Graham, chez Christie, en avril 1886. La collection comprenait un nocturne et des plus clairs, en bleu et argent; lorsqu'on le présenta pour être vendu, il fut sifflé par l'assistance.

Il devint évident que le combat tirait à sa fin et que Whistler sentait que la période la plus agitée de sa vie arrivait à son terme, lorsqu'en 1890 on le vit publier le recueil de ses écrits, pamphlets et épigrammes. Il y avait longtemps que ses amis lui conseillaient de les réunir. Il se décida enfin à cette publication, pour échapper au danger de la voir faire par un autre. Ce ne fut même qu'avec peine qu'il obtint la suppression d'un volume compilé et imprimé sans son consentement. Il avait chargé un Américain, M. Sheridan Ford, de rechercher les communications de toutes sortes envoyées pendant des années à la presse. Lorsque celui-ci eut accompli sa besogne, Whistler et lui ne purent s'entendre sur la rétribution qu'elle méritait et sur l'usage à faire des documents réunis. M. Ford en possession des textes, se résolut alors à les publier lui-même. Il parvint à produire un volume aux États-Unis, dont quelques exemplaires qui subsistent, purent être distribués avant la saisie de l'ensemble provoquée par Whistler[1]. M. Ford essaya ensuite vainement de lancer son volume d'une façon subreptice en Belgique et à Paris, encore arrêté et saisi, mais Whistler comprit que le seul moyen d'empêcher définitivement la publication par un tiers était de la faire lui-même sans plus tarder.

Le volume autorisé de ses écrits parut à Londres, chez William Heinemann, en 1890 sous le titre de *The gentle art of making ennemies*. (Le joli art de se faire des ennemis.) On y trouve réunis, un compte rendu de son procès avec Ruskin, le pamphlet qui suivit sur l'*Art et les critiques d'art*, son catalogue de la seconde exposition des vues de Venise, avec les

---

[1] *The gentle art of making ennemies*. Published by Sheridan Ford, New-York, Frederick Stokes and Brother, 1890.

jugements hostiles de la critique, le Ten o'clock, ses propositions sur l'esthétique, et enfin la suite de ses controverses, démêlés, attaques et ripostes, à laquelle ont donné lieu les incidents de ses années de combat. Le livre présente ainsi une image complète de l'homme et le laisse voir en effet tel qu'il a été, joignant la sûreté de vue et la rectitude du jugement à la plus étonnante veine d'humour et de persiflage.

Whistler, après avoir au début signé ses œuvres de son nom, avait adopté comme marque un papillon. Il devait étendre l'usage de cette sorte de monogramme à ses lettres et écrits et en faire un emploi général. Le papillon a changé d'aspect avec les années, il a fini par être placé dans des poses variées sur une feuille de support. Il avait revêtu dès l'origine une forme qui eût obligé un entomologiste à créer, d'après lui, un genre spécial et il était appelé à se caractériser de plus en plus. Dans le volume où sont réunis ses écrits, Whistler l'a introduit, en manière de signatures, au cours des pages, pour en faire définitivement un étrange animal. Il l'a comme pénétré, dans chaque cas, de l'esprit propre à l'écrit au bas duquel il figure. Lorsqu'il s'agit de pamphlets, d'épigrammes ou de morceaux d'attaque, le gentil papillon des champs s'est ainsi transformé en bête de combat, se convulsant dans des poses agressives et laissant voir une longue queue terminée par un dard menaçant.

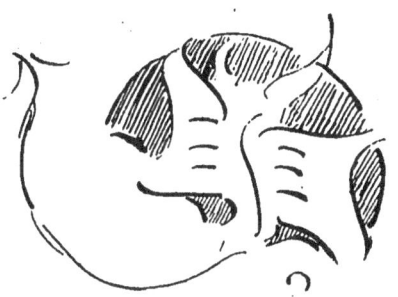

LES LITHOGRAPHIES ET LES PASTELS

Whistler n'a commencé qu'assez tard à s'adonner à la lithographie. Ses premières œuvres dans ce genre sont seulement de 1877-1878. Il produit pour ses débuts diverses pièces dessinées directement sur la pierre, parmi lesquelles le *Nocturne* et *Lime house*, compris ensuite dans une série de six feuilles publiée en 1887 par MM. Boussod Valadon, à Londres, sous le titre général de *Notes*. Le *Nocturne*, une vue de la Tamise prise à l'époque où survenaient les nocturnes peints à l'huile, est très caractéristique. Whistler délaisse après cela un assez long temps la lithographie. C'était pendant les années où il allait à Venise et où il était absorbé à son retour, par l'impression de ses vues à l'eau-forte.

Il se remit à la lithographie en 1885-1886 pour ne plus l'abandonner. A ce moment le procédé qui consiste à trans-

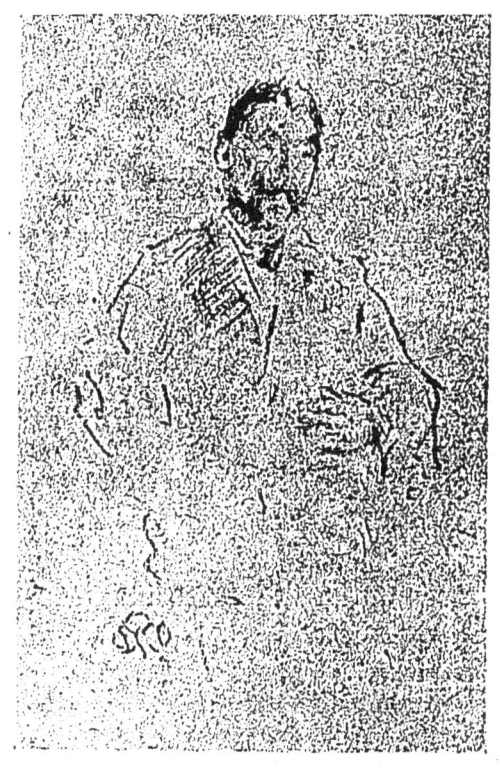

Stéphane Mallarmé, un des essais préliminaires.

porter sur la pierre un dessin tracé d'abord sur le papier, s'était très perfectionné et était devenu d'une pratique sûre. Whistler ne dessinera donc plus maintenant que sur le papier, cela lui permettra de travailler dans des circonstances où il n'eût pu le faire s'il eût fallu porter avec soi une pierre. Il pourra rendre des motifs de toute sorte pris à l'improviste, qui auront le charme de ces choses saisies sur le vif. Son œuvre lithographique a pu demeurer ainsi très variée et elle ne sent point le travail et la recherche de l'atelier. On y voit de simples croquis, de véritables croquetons, puis à l'état plus poussé, des vues variées, des figures de femmes nues ou légèrement drapées d'étoffes flottantes, ou encore habillées au goût du jour, et aussi des portraits d'hommes. Dans un art où la valeur de l'impression joue un si grand rôle, Whistler avait eu la bonne fortune de rencontrer à Londres un habile imprimeur lithographe, Thomas Way, qui devait faire de ses œuvres des tirages parfaits.

Les lithographies pourraient être classées d'après les lieux de leur production. Pendant les années où il habite Paris : surtout en 1893 et 1894, on a une série de sujets et de motifs pris à Paris : *La grande galerie du Louvre, le jardin du Luxembourg*, avec le dôme du Panthéon à l'horizon, *le serrurier de la place du Dragon, la blanchisseuse, la rue de Furstenberg, la belle New-Yorkaise, la belle dame paresseuse. Les confidences dans le jardin*, deux femmes debout qui causent, ont été saisies dans le jardin même de sa maison, rue du Bac.

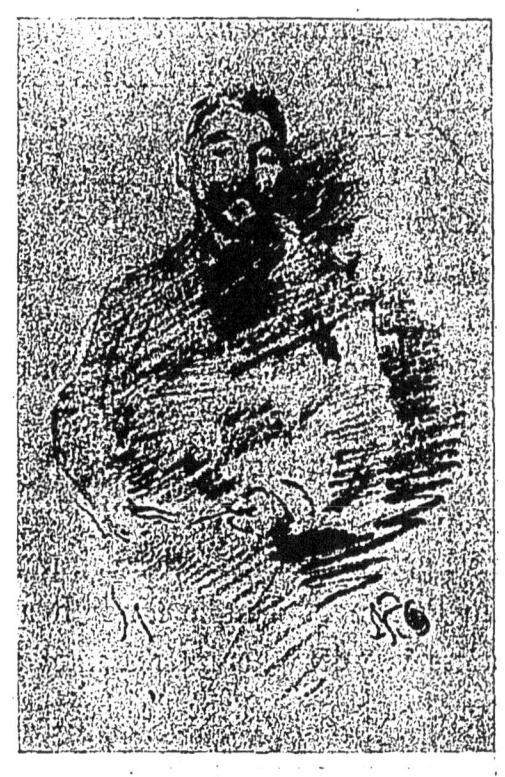

Stéphane Mallarmé, frontispice de *Vers et prose*.

Les vues de Londres et des sites anglais particulièrement nombreuses, ont été prises à différentes époques. En 1895 il va en villégiature à Lyme Regis, une station de bains de mer dans le Dorsetshire. Il y exécute, outre une série d'œuvres lithographiques, deux têtes à l'huile, de caractère fort différent, l'une d'homme, *le maître forgeron*, l'autre de jeune fille, *la petite Rose de Lyme Regis*. Toutes les deux sont maintenant au musée de Boston.

En 1896, sa femme étant tombée malade, il était venu habiter avec elle le Savoy hotel, qui domine de la hauteur du Strand, à Londres, toute la Tamise. La malade se trouvait là au grand air et l'artiste jouissait sur le fleuve d'échappées magnifiques. Il en a profité pour obtenir quelques-unes de ses lithographies les plus originales. *Le petit Londres* donne la rive gauche de la Tamise; le quai, la cathédrale de Saint-Paul, les ponts rejetés au loin. *Les pigeons du Savoy* donnent aussi la rive gauche non plus en aval, mais en amont, avec les tours du Parlement dans le fond. Il a encore pris du Savoy une autre vue des plus intéressantes : Le fleuve vu de haut dans toute sa largeur, avec des barques à ras l'eau, occupe la plus grande partie de l'estampe, les constructions de la rive au delà fermant l'horizon. Une sorte de buée, de brouillard crépusculaire d'une fluidité extraordinaire enveloppe la scène entière. Il y a là une rare réussite d'exécution.

Whistler a fait un certain nombre de lithographies de nu ou de femmes légèrement drapées d'étoffes flottantes. Le modèle posait naturellement pour ces sortes d'œuvres, elles ont donc la saveur de réalité que peut donner la reproduction de la forme humaine présente sous les yeux, mais en même temps elles offrent des traits de ressemblance avec les figures pompéiennes ou mieux les terres cuites grecques. A remarquer parmi ces

VUE DE VENISE
Le tranquille canal
D'après l'eau-forte

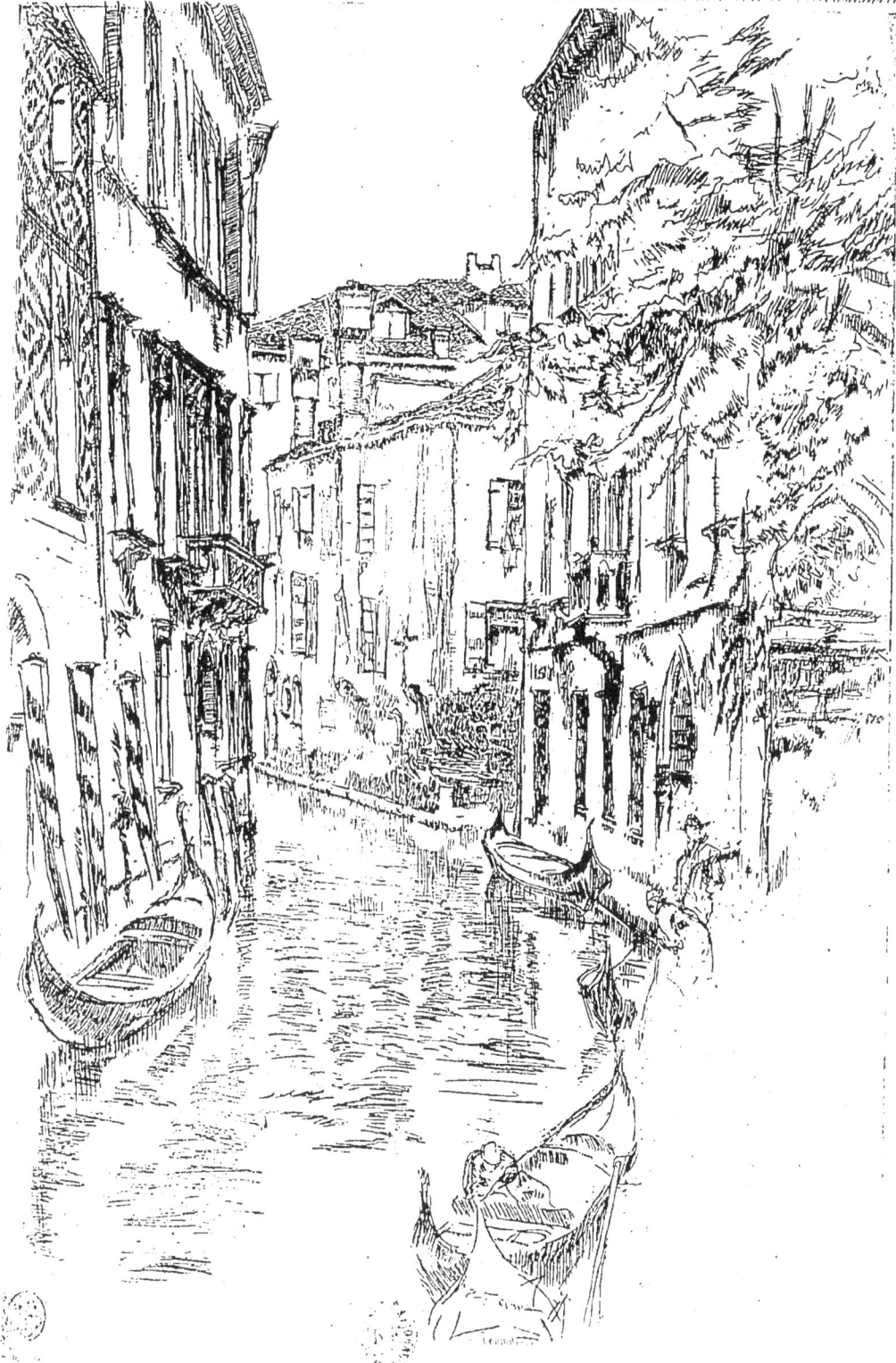

Avec l'autorisation de MM. Dowdeswell

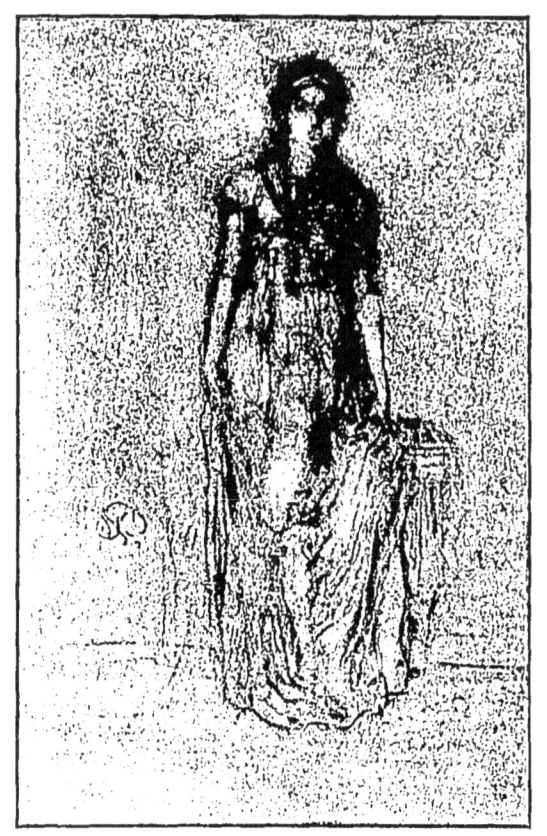

productions délicates : *Le petit modèle nu lisant*, une petite fille assise, les jambes croisées, vue de profil, lit dans un livre qu'elle tient des deux mains. Quoique l'artiste n'ait ici cherché qu'à rendre simplement le charme qu'il ressentait, la comparaison avec les figurines grecques, comme souplesse et élégance des formes, vient d'elle-même à l'esprit.

En outre des femmes drapées vers lesquelles sa fantaisie l'avait porté, il a représenté des femmes en costume du jour, on pourrait même dire dans le costume à la mode. Sous les titres plus ou moins fantaisistes qui ont servi à les désigner, c'étaient de véritables portraits facilement reconnaissables à qui avait vu les originaux. Les pièces dénommées *la Sieste*, *au Balcon* ont été faites d'après sa femme en 1896, au Savoy hotel. *Needlework* (la couture) est un portrait de sa belle-sœur Miss Rosalind Birnie-Philip, qu'il a instituée son héritière et son excécutrice testamentaire. On a aussi de lui des portraits du peintre Walter Sickert et du poète Henley. La pièce connue sous le nom *le Docteur*, représente son frère William, qui exerçait la médecine à Londres.

Le portrait de Stéphane Mallarmé a été mis comme frontispice, en tête du volume : *Vers et prose, par Stéphane Mallarmé, chez Perrin*, 1893. Mallarmé est d'une étonnante ressemblance, le bras en mouvement et la tête inclinée selon son habitude, lorsqu'il conversait avec ses amis. Ceux qui l'ont connu peuvent croire qu'ils l'entendent parler. L'image n'existe cependant que comme un souffle, elle est venue du plus rapide coup de crayon. C'est une improvisation et on n'improvise pas le rendu aussi frappant d'un être humain, il faut l'avoir profondément pénétré pour le donner avec cette intensité de vie et de caractère. Mais aussi la petite figure, tout en étant venue d'une improvisation, n'en est pas moins due à un travail serré et prolongé. Whistler avait tenu Mallarmé à poser assez longtemps. Il dessinait rapidement, comme la notion de l'œuvre légère qu'il voulait faire le lui commandait, mais les premières images ainsi obtenues, avant qu'il eût bien pénétré son modèle, lui semblaient faibles et il les déchirait pour recommencer. Mallarmé qui ne s'expliquait pas bien la méthode, avait comme perdu l'espoir d'une réussite, lorsque Whistler au moment voulu produisait une dernière improvisation, celle-là parfaite et condensant toute l'observation accumulée par les essais préliminaires.

Whistler et Mallarmé s'étaient liés d'amitié. Rapprochés par un fonds commun de raffinement et de délicatesse, ils différaient cependant du tout au tout, comme caractère, manière de penser et d'agir. Mallarmé a traduit le *Ten o'clock* en français.

Whistler a encore fait en lithographie les portraits de M. et Mme Joseph Pennell, qui ont été à Londres de ceux qui ont su le mieux l'apprécier et le défendre. Pennell a son portrait mis comme frontispice au livre *Lithography and lithographers*, écrit par lui et sa femme.

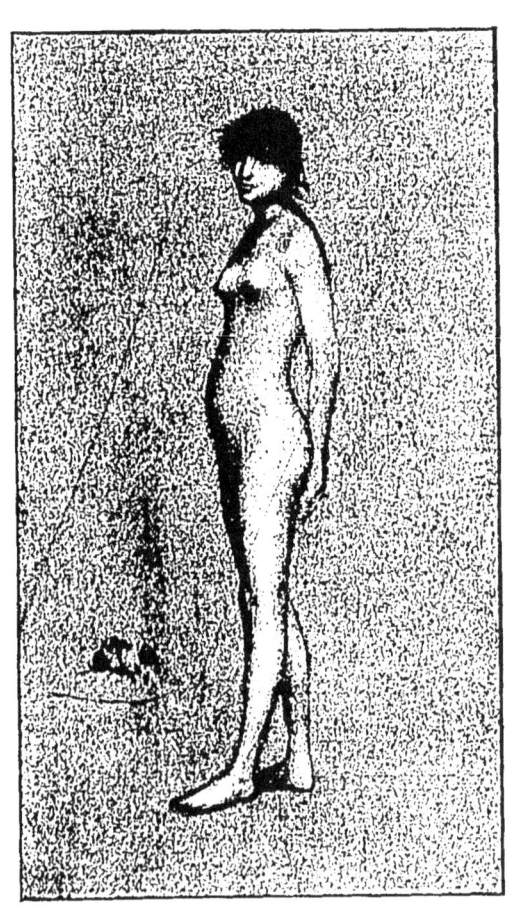

Il a aussi donné, en lithographie, en trois états, un portrait du comte Robert de Montesquiou, qui présente le caractère d'exception de ne pas avoir été pris sur le modèle vivant. En dérogation de sa pratique constante de ne pas reproduire, par un procédé différent, une œuvre déjà faite d'une certaine manière, il a exécuté ce portrait d'après le grand portrait en pied, à l'huile.

Whistler s'est essayé à la lithographie en couleur. Après avoir obtenu des résultats très satisfaisants, il s'est contenté de produire quelques pièces, parmi lesquelles *la Maison-jaune* à Lannion, *la Maison rouge* à Paimpol, exécutées pendant une excursion en Bretagne, où il prenait aussi les vues de Vitré, tirées en noir.

Les lithographies ont paru de façons diverses, à des époques variées. Whistler en a maintes fois donné à des journaux. En 1890 survenait à Londres *The Whirlwind* (Le Tourbillon), rédigé par deux jeunes gens, qui prétendaient faire revivre la cause des Stuarts. Il existe, en Bavière je crois, un prince rattaché aux Stuarts par sa naissance, que quelques entêtés ont persisté à tenir pour le légitime héritier du trône d'Angleterre. Les rédacteurs du *Whirlwind* étaient de ceux-là et ils se proposaient de ramener l'attention sur leur roi. A cette singulière entreprise, ils en avaient ajouté une autre presque aussi désespérée, qui était de faire connaître et comprendre à leurs lecteurs les œuvres de Mallarmé et des poètes décadents français. Enfin, en troisième lieu, ils avaient pensé à se recommander en art de Whistler. Ils étaient allés le trouver et lui, qui aimait assez les gens hors des voies battues, leur avait donné de ses lithographies à mettre dans leur journal. Le *Whirlwind* offrait donc, pour un penny, un plaidoyer en faveur des Stuarts, une poésie de Mallarmé, une lithographie de Whistler et malgré cela il en

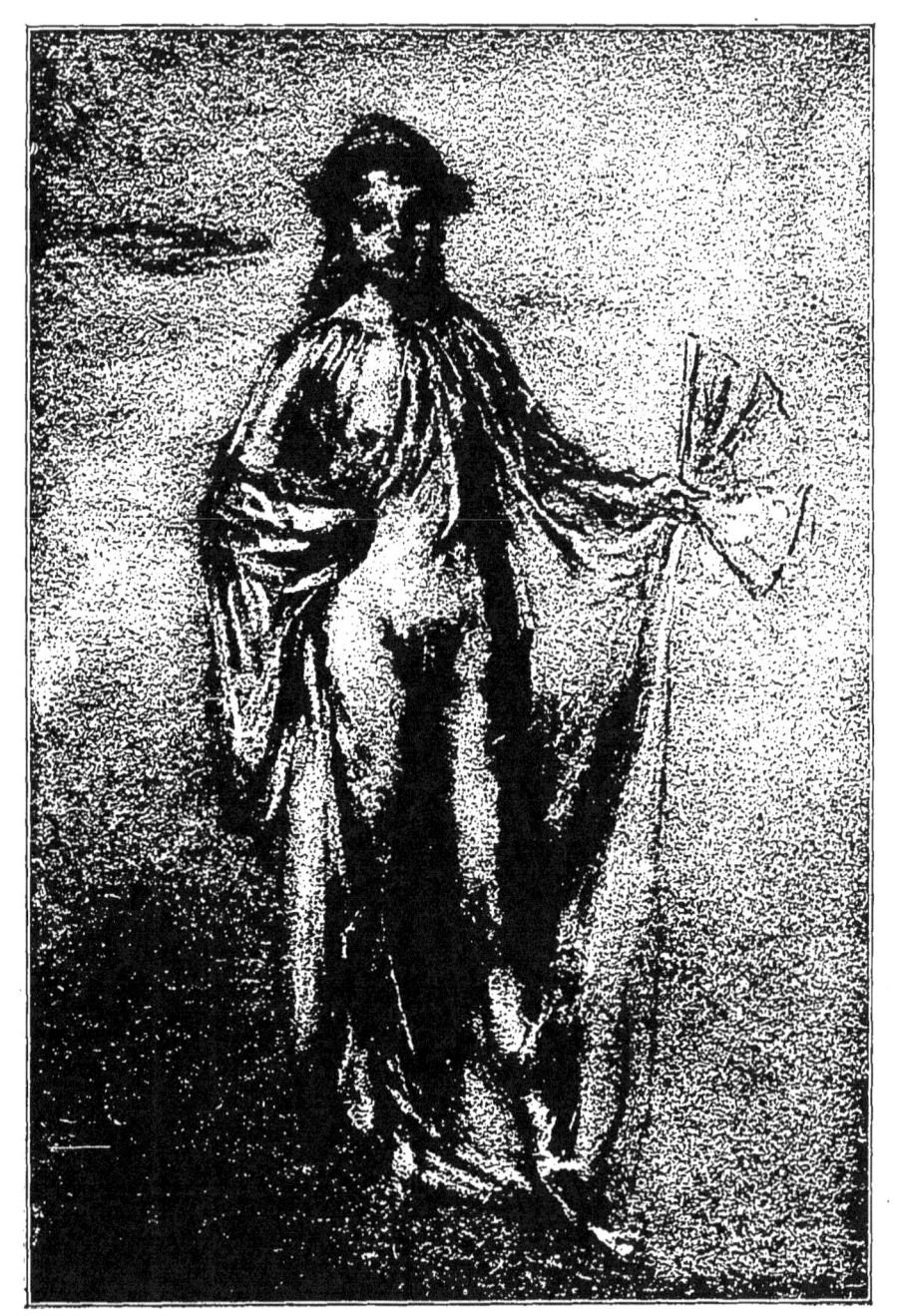

put vivre et disparut. Autre temps, autres mœurs. Ces lithographies négligées, quand on les avait pour rien sous la main, aujourd'hui qu'on ne les trouve qu'avec peine, on les recherche et on les achète à prix d'or.

Vers la même époque, paraissait un nouveau périodique *The Albemarle*, dont le premier numéro renfermait une lithographie obtenue de Whistler. Le tout se vendait six pence.

M. Thomas R. Way a donné à Londres, en 1896, un catalogue des lithographies où 130 pièces sont décrites [1], mais comme Whistler a depuis augmenté son œuvre, il faut porter à 150 environ le nombre définitif. La *Fine Art society* à Londres en a fait en 1895 une exposition spéciale qui comprenait 75 numéros et le *Grolier Club* à New-York, en a fait une autre, en 1900, qui s'élevait à 106.

Whistler a employé le pastel d'une façon particulière non point à l'exécution de portraits, usage auquel on l'a surtout appliqué en France, mais à la production de légères figures, principalement de femmes et au rendu de vues, ou plutôt de croquis urbains. Les figures de femmes sont survenues à diverses époques. Elles s'offrent généralement, quand elles ne sont pas des études de nu, drapées d'étoffes légères ou transparentes. Elles possèdent un genre d'élégance qui fait penser aux figurines grecques. C'est la même sensation que donnent

---

[1] London, George Bell and sons. 1896. M. T. R. Way a aussi fait paraître un volume sur l'art de Whistler, en collaboration avec M. G. R. Dennis : *The art of James Mac Neill Whistler An appreciation*. London, George Bell and sons. 1903. (*Illustré*.)

celles de ses lithographies, consacrées à des sujets analogues. Dans les pastels, la couleur mise sobrement, ne recouvre le papier, qui est souvent gris, que par parties et se combine avec des lignes ou contours tracés au crayon.

C'est surtout à Venise que Whistler a employé le pastel au rendu de vues et de scènes en plein air. La première exposition des vues de Venise à la *Fine Art society*, à Londres, en décembre 1880, laissa voir après les eaux-fortes, 53 légers pastels. Whistler dans le catalogue avait eu librement recours à sa nomenclature particulière. Les œuvres portaient des qualifications comme *Harmonie en bleu et brun, note en couleur chair, en opale, en turquoise*, qui n'étaient pas précisément faites alors pour lui attirer la faveur de la presse et du public.

Whistler a su aussi utiliser l'aquarelle. Il l'a appliquée à des sujets divers, mais s'en est surtout servi pour prendre des vues, vues urbaines et vues de mer.

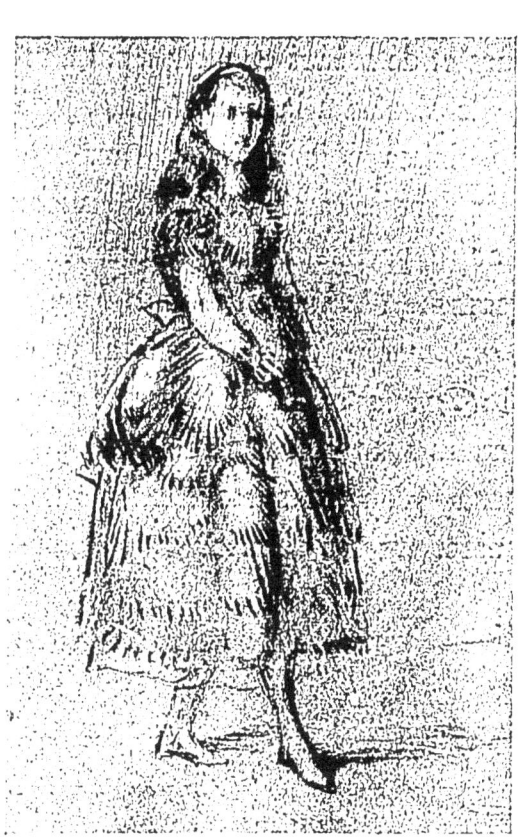

LE SUCCÈS

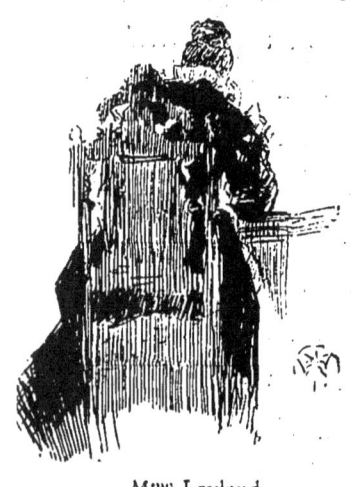

Mme Leyland.

Whistler eût attendu en Angleterre le succès comme peintre pendant de longues années encore, si pour l'obtenir, il eût dû compter sur un retour favorable de l'opinion s'y produisant spontanément et sans aide extérieur. Heureusement pour lui qu'il avait pied ailleurs, qu'il demeurait avec la France en une communauté d'esprit qui allait lui permettre d'y recueillir des marques éclatantes d'approbation. Ce sera donc le succès d'abord obtenu en France qui, venant à agir par contre-coup en Angleterre, facilitera le travail qui s'y opérait en sa faveur et fera tomber des résistances jugées insurmontables. Pour comprendre sinon l'impossibilité, au moins la difficulté que Whistler eût encore éprouvée longtemps en Angleterre de se faire apprécier, il faut se rendre compte qu'il y existait alors des peintres universellement admirés, produisant d'après une même esthétique enracinée et voir quelle place lui et son art occupaient par rapport à eux.

Trois peintres tenaient alors en Angleterre le premier rang : Leighton, Millais et Burne Jones. Frederick Leighton était un homme de fort belle mine, on pourrait même dire de magnifique prestance, qui, à mesure qu'il montait dans l'échelle sociale, semblait n'obtenir que son dû. Il était parvenu au poste le plus élevé que pût ambitionner un artiste dans sa sphère, celui de président de la Royal Academy ; il avait été honoré de la dignité de chevalier, la plus haute distinction jusqu'alors conférée à aucun peintre en Angleterre y compris Reynolds, puis après cela avait été créé baronnet et enfin promu à la pairie pour devenir Lord Leighton. Il brillait par la parole et ses discours, aux banquets annuels de la Royal Academy qu'il présidait, soulevaient les applaudissements des convives. Il s'était fait construire une maison qui aidait à sa renommée, qu'on visitait par curiosité, sur le modèle des habitations de Damas, avec des murs recouverts de briques vernissées et un jet d'eau dans la pièce centrale. Il possédait donc des avantages variés qui expliquaient son élévation. D'ailleurs galant homme d'un commerce facile et agréable. Il existait une ombre à cette grandeur que Whistler avait l'habitude de montrer, lorsqu'après avoir énuméré complaisamment les titres et

PORTRAIT DE MISS CHARLOTTE R. WILLIAMS
Reproduction de la lithographie

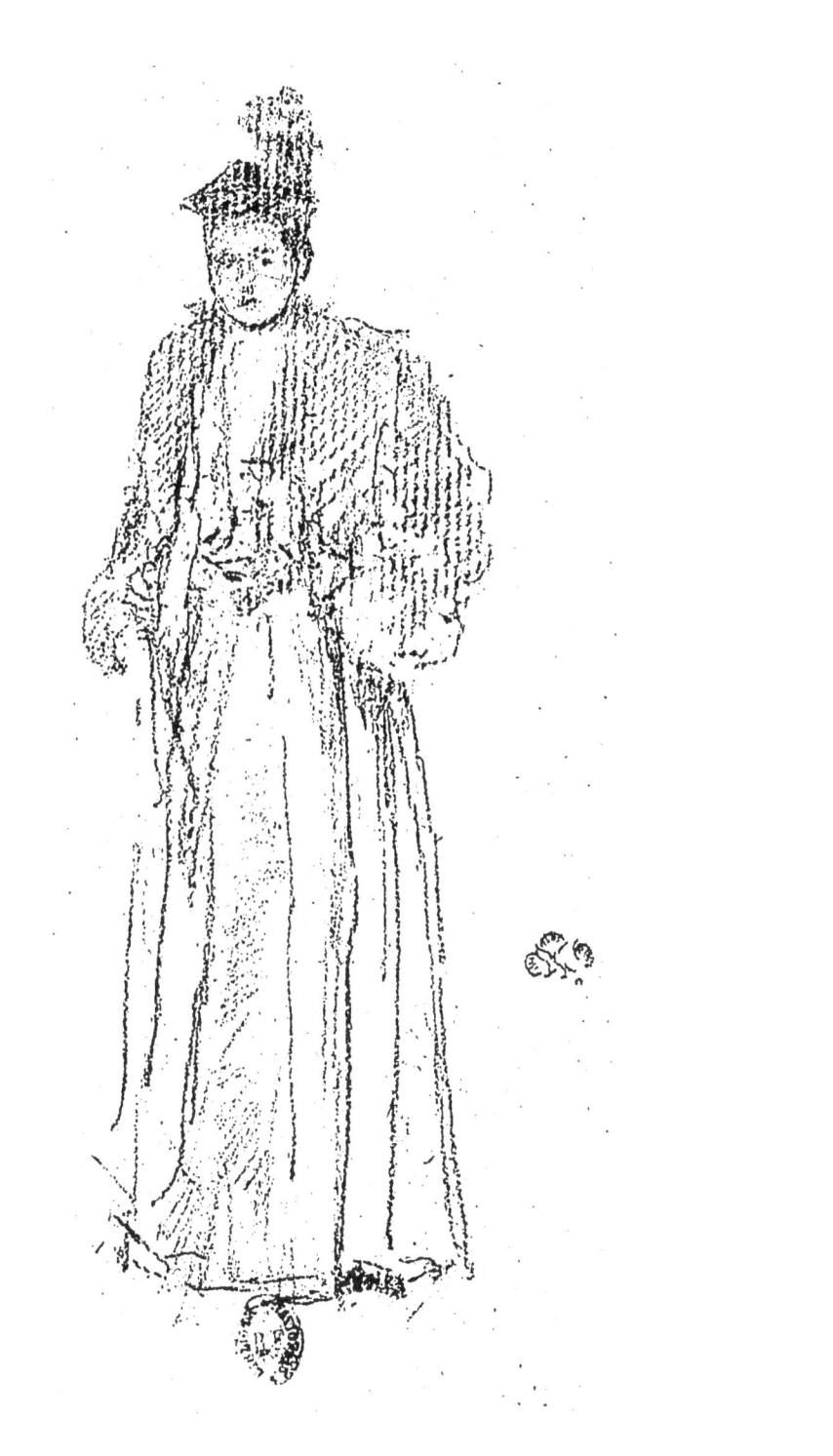

facultés de l'homme, il disait : « Et il peint par-dessus le marché. » C'était là une vérité. La peinture n'était plus devenue chez lui qu'une superfétation. Dans sa jeunesse, son art empreint de réminiscences italiennes et se rattachant à la tradition classique, avait suffi pour le distinguer, mais loin de se développer, de prendre de la puissance et de l'ampleur, il était allé comme en s'étiolant, de telle sorte qu'à la fin, ce n'était plus le mérite de l'artiste qui soutenait la réputation de l'homme, mais le rang où l'homme s'était élevé qui, éblouissant le public, continuait à faire admirer l'artiste.

Millais était alors de tous les peintres jouissant de la faveur, le mieux doué et le plus puissant. Il avait à son début fait partie du groupe des Préraphaélites et s'y était montré avec une physionomie à part. Il avait à ce moment exécuté ses compositions les plus originales : *le Huguenot, les Feuilles d'automne, les Fossoyeuses*, etc., des groupes de quelques personnages ou des scènes rendus avec une certaine raideur, mais possédant de la vie et de l'émotion. Ces œuvres qui devaient en définitive former la meilleure partie de sa production, comme il arrive toujours, avaient d'abord, à cause de leur originalité même, été mal reçues. Il avait donc renoncé à la manière serrée et caractéristique de son début, pour peindre d'une façon moins exceptionnelle. Il se mettait ainsi à l'unisson du goût général et alors obtenait de plus en plus la faveur publique. A la fin avec sa grande renommée, il voyait venir à lui la clientèle riche, qui lui demandait des portraits exécutés le plus souvent sans recherches, et parmi lesquels ce n'était plus qu'exceptionnellement qu'apparaissaient de ces morceaux, rappelant la force et l'originalité des œuvres passées. Il en était aussi venu à peindre des figures de fillettes faisant des moues et prenant des airs de coquettes, ce qui s'explique puisqu'elles étaient généralement destinées à être reproduites à la Noël, comme images en couleurs, par des journaux illustrés. L'une d'elles *Cherry ripe* (la Cerise mûre), une petite fille une cerise à la main, publiée par le *Graphic*, avait même obtenu un énorme succès et avait dû se vendre à quelque chose comme cinq cent mille exemplaires. Millais, ainsi adapté au goût commun, devait voir sa renommée grandir jusqu'au dernier jour et il recevait à la fin, comme Leighton, de ces honneurs exceptionnels, qui jusqu'alors n'avaient été obtenus par aucun artiste anglais, il était créé baronnet.

Au début Burne Jones avait, comme continuateur des Préraphaélites, tenu la position d'un dissident. Cependant, après n'avoir d'abord recueilli que les louanges des esthètes et des adhérents du Préraphaélisme, il gagnait le grand public et faisait de plus en plus la conquête des écrivains et des critiques. Fondé en effet qu'il était sur la littérature et la reprise de formes anciennes, son art était de ceux vers lesquels les hommes de lettres se sentent naturellement portés. Burne Jones perdait donc complètement son premier caractère d'artiste dissident, pour finir par n'avoir plus d'adversaires. La Royal Academy l'élisait alors membre d'un vote unanime, qui

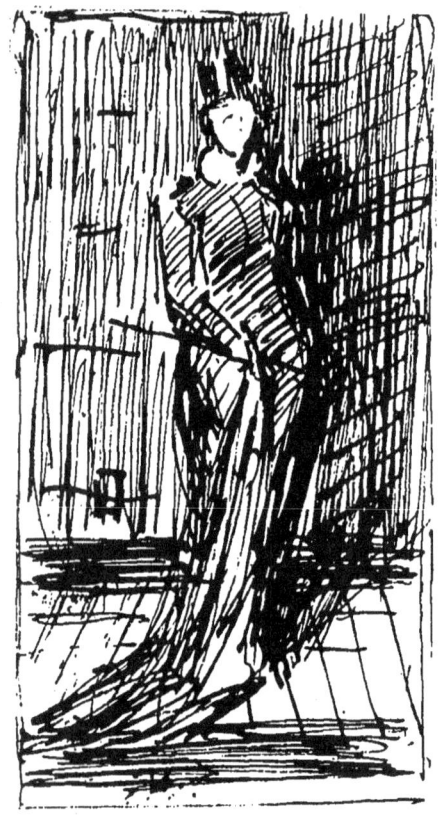

se produisait comme une acclamation et il était après cela créé lui aussi baronnet pour s'appeler Sir Edward Burne Jones. A partir du moment où cette double consécration lui était acquise, il passait à l'état d'homme tenu au-dessus de toute contestation et de toute critique.

Ces artistes élevés à un rang aristocratique, avec leur grande renommée et leur popularité, constituaient les astres principaux du monde de l'art, sur lesquels les autres se modelaient et autour desquels ils gravitaient. Il s'était ainsi formé une véritable combinaison de l'ensemble des peintres, qui avait présenté et fait accepter aux critiques, au public mondain, au peuple entier une esthétique, hors de laquelle on ne concevait plus rien de valable. Or, elle eût pu se résumer en deux points : 1° une œuvre peinte doit pouvoir parler au spectateur et l'intéresser, en lui présentant des compositions déterminées, des personnages en action, des scènes expressives ; 2° une œuvre peinte doit être finie, poussée à un haut degré de précision et offrir des lignes et des contours bien arrêtés. Ces règles avaient été d'autant mieux acceptées par les critiques et le public, qu'elles correspondent à leurs dispositions naturelles, le public ne s'intéressant réellement dans une œuvre d'art qu'à l'anecdote qui peut s'en dégager et les littérateurs ayant au fond la même tendance, qui leur permet de se retrouver dans la peinture sur leur propre terrain. Mais avec ces idées, que deviennent les qualités essentielles à rechercher avant tout comme rares, le mérite intrinsèque de la substance peinte, la valeur en soi du coloris, la beauté du dessin et de la touche à part du sujet représenté ? Ces points décisifs étaient alors en Angleterre comme oubliés. Et aussi les artistes jugés si grands d'après l'esthétique dominante, n'étaient-ils au fond que des colosses aux pieds d'argile. Aucun d'eux n'était grand peintre au sens strict du mot. Aucun d'eux ne pouvait se comparer, sans parler des absolument grands de tous pays, seulement aux relativement grands des devanciers anglais Hogarth, Reynolds et Gainsborough.

Mais personne n'allait aussi loin dans ses jugements, demeurant sur le terrain de l'étroite actualité, on trouvait excellent ce qui venait de ceux qu'on ne discutait plus. L'esthétique régnante paraissait la seule admissible et tout ce qui en différait était méprisé. Or, Whistler se montrait absolument rebelle à l'esthétique régnante, aussi ne pouvait-il manquer d'être conspué et condamné. Il déclarait, lui, que c'était la valeur décorative, la beauté de substance, la largeur de fac-

ture qui avant tout constituaient les mérites d'une œuvre et que quand ces qualités manquaient, tout le reste devenait indifférent. Aussi conformant sa conduite à ces préceptes, recherchait-il, pour ses tableaux, ces arrangements de coloris et ces harmonies de tons, dont les autres ne s'inquiétaient nullement et négligeait-il, pour s'en tenir à la représentation directe de la nature, ces sujets littéraires, ces motifs historiques ou légendaires ayant la prétention d'intéresser tout particulièrement le spectateur. Dans ces conditions, ses œuvres devaient avoir une physionomie différente de celles des autres et, comme les autres étaient pour le peuple entier les maîtres, les vrais artistes, lui, en face d'eux, n'était plus qu'un artiste manqué, qu'un mystificateur, qu'un homme engagé dans une fausse voie. Et alors le mettre sur le même rang que les autres paraissait impossible. Le critique du *Times*, dans son compte rendu de l'exposition de la Grosvenor Gallery en 1882, le déclarait formellement lorsqu'à propos de ses envois, il disait : « Devant les grands
« portraits en pied de M. Whistler, la critique et l'admiration
« paraissent également impossibles, et l'esprit hésite entre le
« sentiment que l'artiste se moque du spectateur ou que le
« peintre souffre de quelque illusion optique. Après tout il
« existe certains canons acceptés pour ce qui constitue le bon
« dessin, la bonne couleur, la bonne peinture, et quand un
« artiste se met délibérément à les méconnaître ou à les violer
« tous, il convient de ne pas classer ses œuvres parmi celles
« des artistes ordinaires. »

Entre les artistes de grand renom de la Royal Academy et Whistler, il existait donc comme un fossé; ils se trouvaient d'un côté et lui de l'autre. Il était ainsi un véritable *outsider*. Si cette position lui avait été faite par les critiques et les artistes devenus ses adversaires, il faut convenir qu'il n'avait point cherché à l'éviter. On peut même dire qu'il agissait de manière à creuser lui-même le fossé et qu'avec son esprit de combativité, rendant coup pour coup, il se plaisait à bien constater la séparation établie. Comme le nombre et la qualité des ennemis n'étaient point pour l'effrayer, voici de quelle manière il traitait en 1886, dans le journal *The Truth,* la Royal Academy tout entière, et par conséquent l'ensemble des peintres prônés par la critique et admirés par le public : « Ce que vous
« appelez l'art anglais, n'est nullement de l'art mais un produit
« dont il y aura toujours abondance, que les hommes auquel il
« est dû soient morts et appelés X ou X (je vous laisse vous-
« même à les désigner) ou vivants et appelés X ou X (qui-
« conque il vous plaira de choisir, en tournant les pages du
« catalogue de l'Académie). La grande vérité qu'il vous faut
« comprendre, est qu'il n'y a réellement pas lieu de faire un
« choix dans cette longue liste. Ils appartiennent tous à l'ex-
« cellente armée de la médiocrité, les différences entre eux étant
« minimes — simplement microscopiques, — comparées à
« l'énorme distance existant entre eux et les Grands. Ils sont
« les commis-voyageurs de l'art, dont les œuvres sont les
« marchandises et la bourse est l'Académie. »

PASTEL
Reproduction de Thomas R. Way

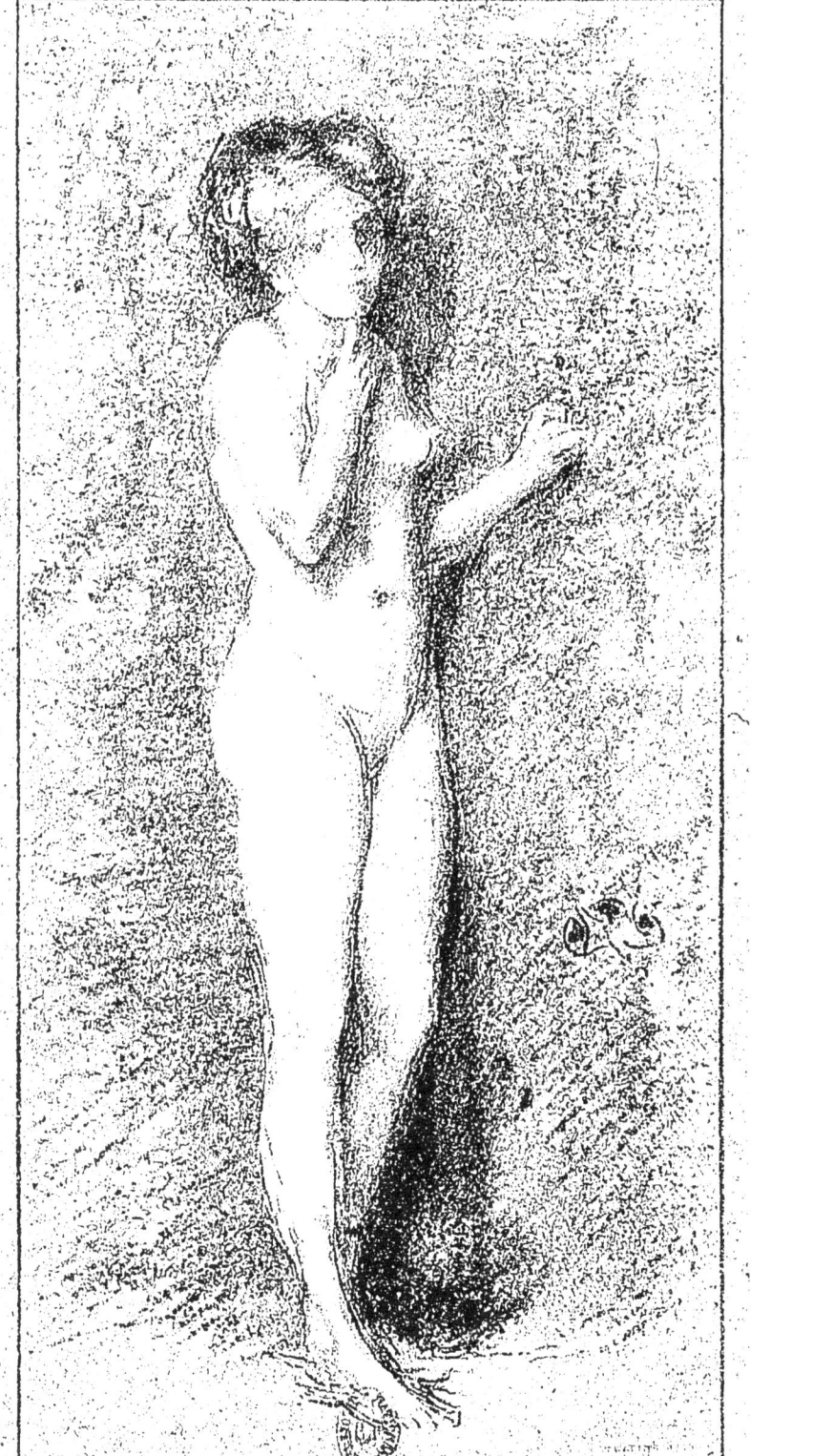

De pareilles attaques, dans un journal très lu, sans parler des épigrammes décochées sous toutes les formes, n'étaient pas faites pour lui ramener ceux qui l'avaient d'abord condamné et voulaient le maintenir à l'écart. Mais s'il se montrait ainsi impitoyable dans ses jugements sur les peintres autour de lui devenus ses adversaires, ce n'est pas qu'il fût incapable d'admiration. Il vantait en toutes circonstances Velasquez et Tintoret dont il faisait ses dieux. Hogarth était des vieux anglais, celui qu'il préférait. Il savait aussi apprécier certains artistes vivants en Angleterre, avec lesquels il était lié d'amitié. C'étaient ceux-là qui, par leur originalité, se trouvaient comme lui engagés hors des voies battues et se voyaient aussi méconnus et il était alors tout naturel, qu'il prît parti pour eux. Les artistes de la sorte ses amis, étaient Albert Moore, Carlo Pellegrini et Charles Keene.

Albert Moore était un délicat et un raffiné. Son art se recommandait surtout par le charme. Il suivait plus qu'aucun autre peintre en Angleterre la même esthétique que Whistler. Comme lui, il dédaignait dans la peinture le côté littéraire, anecdotique ou historique et faisait surtout consister le mérite des œuvres en harmonies de couleurs et en combinaisons de lignes. Il peignait des femmes drapées, ne se livrant à aucune action particulière et dans des poses appelées à faire simplement valoir les plis des étoffes et la beauté des contours. Ses arrangements offraient comme une réminiscence de l'antique, sans aller jusqu'aux formes classiques. Ils demeuraient originaux par l'imprévu des poses et par l'introduction d'arabesques et d'accessoires propres à l'auteur.

Albert Moore, par le fait qu'il s'était soustrait à l'esthétique régnante, se trouvait isolé. Il exposait ses œuvres à la Royal Academy où elles étaient reçues, d'ailleurs comme elles ne présentaient aucun motif jugé intéressant et que leur mérite délicat échappait, elles passaient généralement inaperçues ou semblaient d'ordre inférieur. Il était venu témoigner en faveur de Whistler au cours du procès Ruskin, et avait exprimé en termes chaleureux son appréciation des nocturnes si attaqués. Cela n'était pas fait pour lui rendre les critiques et l'Académie favorables, pas plus que la circonstance que Whistler lui avait dédié le pamphlet sur *l'Art et les Critiques d'art*, qu'il publiait à l'issue de son procès. Albert Moore, de nature maladive, devait mourir à l'âge de cinquante-deux ans comme ignoré du grand public, goûté seulement par quelques connaisseurs et repoussé par la Royal Academy qui, lui préférant des gens sans talent, n'avait voulu de lui ni comme membre ni comme associé.

Carlo Pellegrini, Napolitain transplanté en Angleterre, avait essayé de la peinture sans grand succès, ses tableaux envoyés à quelques expositions de la Grosvenor Gallery n'avaient rien laissé voir de particulier. Il avait su s'ouvrir, en compensation, une autre voie, où il devait se montrer tout à fait maître. C'était celle non pas de la caricature, comme on l'a dit le plus souvent en parlant de lui, mais de ce que nous appellerons le portrait charge. Le caricaturiste donne généralement le même caractère à l'ensemble de ses figures, tandis que Pellegrini a su conserver à chaque être sa physionomie et démarche propres, en les portant à leur suprême expression. Autant de portraits, autant de types distincts.

Ces portraits, tenus malgré tout pour des caricatures, publiés sous la forme de lithographies par un journal hebdomadaire, le *Vanity Fair*, signés d'un nom d'emprunt fantaisiste *Ape* (singe), ne furent jamais considérés par le public et les critiques comme œuvres de grand art. Mais Whistler, lui, les prisait fort et il témoignait à leur auteur, avec lequel il était lié d'amitié, une estime toute particulière. Un des points de son esthétique était en effet que la dimension et la nature de la matière dans une œuvre n'importaient aucunement, que de très petites productions, des eaux-fortes, des terres cuites comme celles de Tanagra, un éventail peint par Hokousaï, etc., pouvaient être œuvres de grand art, tandis que les tableaux à l'huile, aux sujets historiques, aussi travaillés que possible, dus aux hommes les plus renommés, mais manquant des vrais dons de l'artiste, n'étaient qu'un « produit » et de la « marchandise ».

Pellegrini ne pouvait faire poser ses modèles, pour découvrir leur manière d'être variée et saisir dans chaque cas leur originalité, il était obligé de les chercher sur le lieu même où ils se laissaient le mieux voir, dans la rue, au club ou au Parlement. Après les avoir observés, il les tenait et repassait assez longtemps dans sa mémoire, avant de les fixer sur le papier. Cette pratique lui demandait une grande contention d'esprit. Il était de nature phtisique et l'inclémence du ciel anglais jointe à la fatigue de son travail, amenèrent sa mort en 1889, à l'âge de cinquante ans.

Le journal *Vanity Fair*, qui donnait les portraits charge des personnages en vue en Angleterre, a donné en 1878 celui de Whistler. Il le demanda à Leslie Ward, qu'il tenait en son emploi concurremment avec Pellegrini. Ward signait *Spy* (espion). Le portrait charge qu'il a fait de Whistler, sous le titre de *une Symphonie*, est très vivant. Il suggère bien la physionomie de l'original, lorsqu'il lui plaisait d'aller par la ville dans un de ces costumes, où la marque du gentleman et le genre artiste se mêlaient curieusement. Whistler a posé pour ce portrait. Ward, venu dans son atelier, fit de lui un dessin sur nature, d'après lequel il exécuta sa lithographie. La tête devait être recouverte originairement du chapeau à haute forme que Whistler portait d'habitude, mais Ward s'étant par inadvertance assis dessus et l'ayant aplati, on le remplaça par une sorte de coiffure bolero, qui se trouva sous la main et dont Whistler se servait aussi à l'occasion.

Charles Keene, un autre artiste dont Whistler appréciait le talent, formait un absolu contraste avec ces peintres de l'Académie admirés et annoblis. Il a vécu méconnu du public, sans recevoir honneurs ou distinctions d'aucune sorte, tout au plus estimé à sa valeur par quelques artistes. Il se montrait du reste indifférent pour tout ce qui s'appelle popularité, gloire ou récompense. Il ressemblait à ces anciens artistes, qui ont bâti des cathédrales ou laissé des gravures sans s'inquiéter de sortir de l'obscurité. Pendant les trente ans où il a donné au *Punch*, le journal satirique vu par toute l'Angleterre, des dessins, il n'y a jamais mis que ses initiales, un C et un K entrelacés, de telle sorte que le public a toujours comme ignoré son nom et sa personnalité. Il rendait avec *humour* et d'une manière originale, mais excessivement fidèle le monde de la bourgeoisie et du peuple; son art s'appliquait ainsi à des scènes et à des types familiers, qu'on avait sous les yeux et qui alors étaient tenus pour tellement ordinaires, qu'on en dédaignait la représentation, comme venue en quelque sorte toute seule.

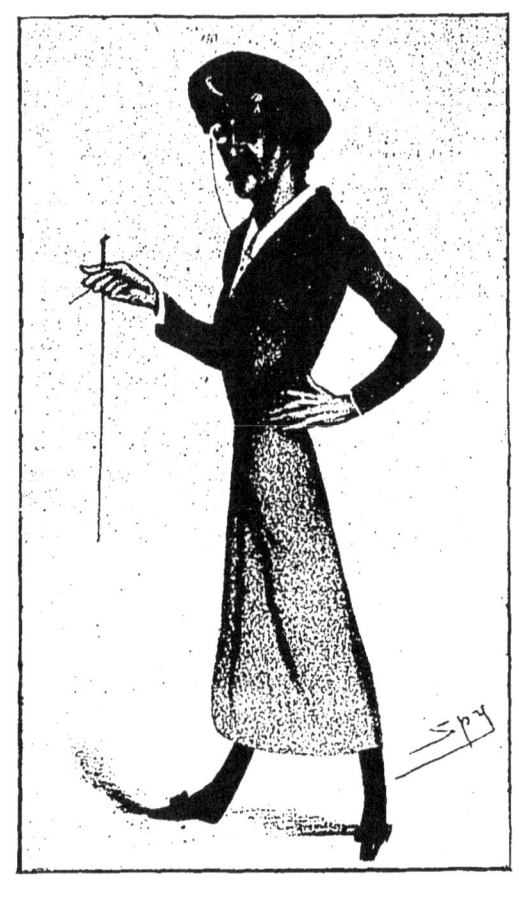

Portrait charge de Whistler par Leslie Ward dans *Vanity fair*.

Aujourd'hui, quand on feuillette les volumes du *Punch*, ce sont les dessins de Keene, à partir du moment où Leech mort n'apparaît plus, qui seuls restent saisissants comme choses simples et puissantes. Les productions compliquées des autres, suggérées par des motifs d'intérêt passager, après avoir de leur temps monopolisé l'attention, sont maintenant presque incompréhensibles, et ne possédant d'ailleurs qu'une valeur d'art secondaire, demeurent sans intérêt. Keene dans sa jeunesse avait appris à graver sur bois. Lorsqu'il vint à se découvrir le talent de l'artiste créateur, connaissant la technique de la gravure, il y adapta son travail et dessina lui-même directement sur bois. De la sorte ses dessins du *Punch* ont pu ajouter à leur valeur propre comme choses dessinées, le mérite d'offrir une fois reproduits des gravures sur bois, qui sont de premier ordre.

Keene était l'homme le plus simple du monde, son art l'absorbait entièrement, il y mettait tout son plaisir. On pouvait le rencontrer à l'affut, au coin de quelque rue ou derrière un omnibus ou une voiture arrêtée, prenant des croquis de scènes fugitives. Il portait en bandoulière une gibecière où il tenait ses crayons et son papier et, quand il passait dans la rue avec ses grandes jambes et son corps maigre, il ne suggérait guère l'idée d'un artiste, mais eût pu être pris plutôt pour un pêcheur ou un naturaliste. Il avait comme atelier une chambre au-dessus d'une boutique dans Chelsea. Pour mobilier, deux ou trois chaises, avec une table sur laquelle se trouvaient quelques blocs de bois, destinés à recevoir ses dessins. Lorsque Whistler devint président de la *Society of British artists* dans Suffolk street, Keene fut une des recrues qu'il y fit entrer pour vivifier la vieille maison et lorsqu'ayant manqué d'être réélu président, il donna sa démission de membre de la société, Keene fut un de ceux qui se retirèrent avec lui.

On voit ainsi que Whistler avec son originalité, de même que les quelques artistes qui comme lui sortaient de la règle, étaient mis et tenus en Angleterre à un rang inférieur. L'esprit dominant leur était contraire, la faveur publique s'écartait d'eux. Whistler comme le plus puissant des originaux, avait malgré tout conquis parmi les jeunes artistes de l'influence, des connaisseurs, des écrivains nouveaux venus, des gens divers savaient apprécier son art, mais tous ensemble ils ne formaient jamais qu'un groupe replié sur lui-même et étouffé par le peuple entier, qu'il semblait impossible de changer. Il faut maintenant se retourner du côté de la France et voir comment il y obtenait une approbation dont l'effet, par contre-coup, allait se faire sentir partout ailleurs.

Whistler arrivé jeune à Paris, avait partagé la vie des artistes français. Il régnait, à l'époque où il se trouvait à Paris, un esprit de changement parmi les peintres. Une esthétique nouvelle se formait. C'est de là que devait venir chez lui, comme chez les peintres créateurs français de sa génération, l'aversion pour la « peinture d'histoire », où l'artiste se consacre à rendre des personnages et des scènes, qui ne se sont point directement offerts à ses yeux ou à son imagination, mais ont pris d'abord forme dans la littérature. Répudiant toute attache littéraire, Whistler s'était, dès son apprentissage, mis à rendre la vie. Courbet l'avait ensuite confirmé dans cette voie. Courbet avait été le premier des aînés à l'apprécier et à le louer. Il lui en avait été très reconnaissant. Entre eux existait la distance qui sépare un homme arrivé à la grande renommée, du jeune homme qui débute. Whistler, dans ses rapports avec Courbet, commencés en 1859 et qui ont duré longtemps, avait donc montré de la déférence et accepté la prééminence du maître, ce qu'il ne lui est arrivé de faire en aucun autre cas. Courbet a pu ainsi lui servir de modèle, en divers points et exercer sur lui une véritable action. La maxime qu'il préconisait « qu'un peintre ne doit rendre que ce que ses yeux peuvent voir » a été particulièrement suivie par Whistler qui, quelqu'aient été ses inventions de coloris et ses imaginations de nomenclature, n'a jamais représenté que des motifs pris dans la nature autour de lui. Whistler était en réalité un Américain francisé. Le *Times*, qui n'a généralement parlé de lui que pour le dénigrer, a cependant, dans l'article nécrologique qu'il lui a consacré, su très bien définir lorsqu'il en a dit : « James Abbott « Mac Neill Whistler était Américain de naissance et Fran- « çais par son éducation artistique et ses sympathies et Fran- « çais-Américain il est resté jusqu'à la fin, malgré sa longue « résidence à Londres[1]. »

Whistler, pendant ses années d'étude à Paris, avait donc reçu la profonde empreinte du milieu français et il s'y était à ce

---

[1] *The Times*, 18 juillet 1903.

point adapté, qu'il avait été d'abord considéré par ses camarades comme en faisant partie, sans que son origine étrangère fût aucunement remarquée. Fantin-Latour a bien montré cette naturalisation dans le monde artistique français, lorsque groupant, dans son *Hommage à Delacroix* exposé au Salon en 1864, les hommes qui représentaient à Paris l'originalité et l'avenir, il mettait Whistler avec Manet, Baudelaire, Bracquemont, Fantin et Duranty.

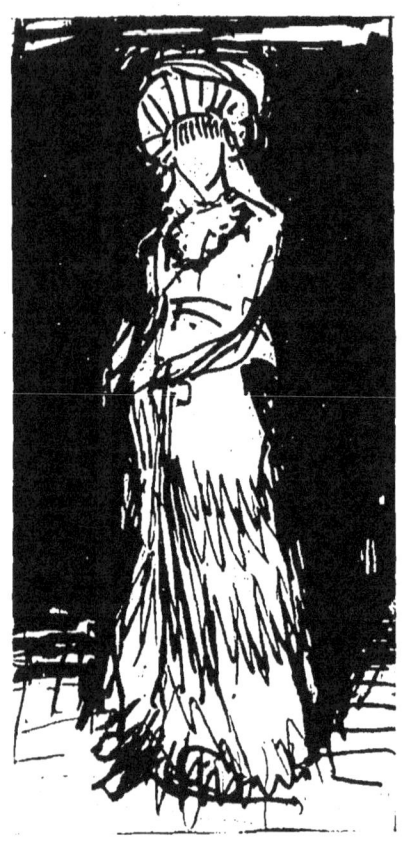

Quand Whistler vint s'établir à Londres, il y arrivait donc tout formé, à un âge où l'on ne change plus au fond, avec une manière d'être très spéciale. Aussi apparut-il que son esthétique différait de celle des artistes anglais. Il n'avait d'ailleurs pas plus d'affinités avec les Anglais comme homme que comme artiste. Il était très brun, mince, plutôt fluet, d'une grande mobilité de visage, impulsif, capricieux, il faisait des gestes, il parlait haut, toutes choses opposées au flegme britannique. Sa langue seule était du pays, mais alors dès qu'il ouvrait la bouche, son accent le mettait encore à part et révélait l'Américain. Dans cet état de dissemblance d'avec les Anglais, il ne pouvait, sans secours étranger, arriver à se faire reconnaître pour ce qu'il valait et il ne pouvait non plus, avec son genre artiste à la française, se laver du reproche d'excentricité et atteindre à cet air grave, que tout homme doit laisser voir, pour tenir rang en Angleterre, en quoi que ce soit.

Whistler était donc à l'état antagoniste en Angleterre. Ce n'est que quand sa personne et ses tableaux revenaient en France que, placés alors dans le milieu où étaient leurs affinités, ils pussent trouver leur exacte mesure. C'est donc de la France que devait lui venir d'abord la juste appréciation de son talent. Il avait avec la *Fille blanche*, au Salon des refusés en 1863, produit une grande impression et laissé des souvenirs durables. Il envoyait, aux Salons de 1865 et de 1867, des œuvres qui confirmaient l'opinion favorable créée par la *Fille blanche*. En 1865 c'était *la Princesse du pays de la porcelaine*, dont Burger-Thoré a dit : « Comme fantaisie de coloris, cette princesse est affolante. » En 1867, c'était *Au Piano* qui, refusé en 1859, n'avait pu alors être remarqué que par un petit groupe d'artistes, mais qui, maintenant reçu, recueillait l'approbation d'une élite beaucoup plus étendue.

A partir de 1867 jusqu'en 1882, Whistler restait quinze ans sans envoyer au Salon à Paris. Pendant ce laps de temps, les procédés de la peinture avaient subi de grands changements. L'effort vers la manifestation de formes nouvelles libérées de la tradition classique, avait abouti. En même temps une transformation radicale s'était accomplie dans le régime des Salons, qui devait rendre la génération des artistes entrés dans les voies nouvelles, maîtresse des jurys et par conséquent des admissions aux Salons et des récompenses à y décerner. L'État se dessaisissait en 1881 de ses droits traditionnels sur les Salons, pour les remettre aux artistes eux-mêmes, constituant une société légalement reconnue. Le premier soin des artistes maîtres d'eux-mêmes fut de changer le mode de formation des jurys. Jusqu'à ce jour les jurys avaient été composés de membres, en partie nommés par l'administration des Beaux-Arts et en partie élus par les artistes, mais par les seuls récompensés, médaillés ou hors concours. Tous les membres du jury, d'après le nouveau règlement inauguré par la *Société des Artistes français*, durent être élus par le suffrage de tous les exposants sans distinction. Le premier jury ainsi formé se trouva en majorité composé d'hommes imbus de l'esprit nouveau qui, pour marquer leur rupture d'avec les anciens errements, comprirent au Salon de 1881 Manet parmi les récompensés, en lui décernant une médaille.

Whistler, de retour au Salon en 1882, trouvait donc devenus les maîtres ses anciens camarades du temps de son séjour à Paris, les refusés avec lui des années 1859 et 1863, les hommes qui avaient définitivement fait entrer la peinture dans les voies nouvelles. Or, cette peinture des voies nouvelles était la peinture existant par elle-même et pour elle-même, s'attachant à rendre directement la vie et la nature, ayant rejeté les personnages de la mythologie, de l'histoire et de la légende, et trouvant la beauté dans les qualités de lignes et de palette. Cette peinture là était celle même de Whistler, dont il avait pris la notion à Paris, qu'il préconisait sans succès en Angleterre où, contrairement à ce qui se passait en France, l'art appuyé sur la littérature se maintenait dominateur. Whistler revenait donc au Salon en 1882 pour s'y trouver dans un milieu favorable. Ses tableaux devaient être bien accueillis maintenant, comme montrant la recherche de ces qualités avant tout picturales, que les autres recherchaient aussi.

Il apparaissait au Salon de 1882 avec le portrait en noir et blanc de Mme Meux[1]. L'œuvre si originale fut fort remarquée d'une élite, mais précisément son aspect imprévu l'empêcha d'être reconnue pour ce qu'elle valait, par la généralité de la critique et du public. En 1883 il envoyait au Salon un tableau exécuté depuis plus de dix ans, ayant eu ainsi le temps de prendre son caractère définitif et du reste un des plus importants et des mieux réussis qu'il eût peint, le *Portrait de ma mère* et ce tableau lui obtenait enfin un succès éclatant. Il eut la bonne fortune de plaire à l'élite et à la foule. Cette vieille dame assise, dans sa pose si simple, arrêtait le commun des visiteurs par son expression pathétique et quant aux artistes et aux connaisseurs, ils louaient l'assemblage et la transpa-

---

[1] *Le portrait de Mme Meux* a été dénommé, par erreur, dans le catalogue du Salon, *portrait de M. Harry Meu*, titre qui ne correspond à rien.

rence des gris et des noirs, où se révélait la maîtrise d'un homme obtenant des effets puissants par les moyens les plus sobres. Le jury décerna donc une médaille à son auteur.

L'obtention d'une médaille, quoiqu'elle ne fût que de troisième classe, était pour Whistler un avantage important. C'était en France la reconnaissance officielle de son talent qui, apprécié seulement à sa première manifestation publique en 1863 par une minorité d'artistes, arrivait maintenant à n'être plus disputé et à se voir consacrer. Ensuite cette récompense décernée à Paris, devait exercer son influence ailleurs. Au moment où Whistler l'obtenait, il se trouvait à Londres au point le plus bas comme défaveur où il pût tomber. Le groupe restreint de ses partisans était étouffé et impuissant, sans raisons saisissantes à opposer au dénigrement général. Mais cette médaille du Salon venait tout à coup fournir un argument probant. Contre le jugement des peintres de la Royal Academy et du public anglais, il y avait appel auprès des artistes français et du public parisien. Or Paris a toujours joui dans le domaine de l'art, surtout dans celui de la peinture, d'une véritable prééminence et y être reconnu et prisé ne saurait manquer de faire redresser les condamnations ayant pu se produire ailleurs. En effet à partir du moment où Whistler eut recueilli une récompense officielle à Paris, sa position se trouva changée à Londres. Le soulèvement contre lui y avait été si général et si profond, que la manifestation du changement ne se produirait que lentement et ne deviendrait tout à fait apparente, qu'après plusieurs années et de nouvelles marques d'estime obtenues en France, mais déjà au fond le coup était porté et cette médaille avait en réalité plus attiré l'attention à Londres, que sur le lieu même où elle était décernée.

Whistler exposait au Salon de 1884 les portraits de Carlyle et de Miss Alexander. Son succès de nouveau très grand, venait confirmer celui qu'il avait obtenu l'année précédente avec le portrait de sa mère. On n'eût pu trouver d'œuvres plus dissemblables, comme choix du modèle et comme arrangement de coloris, que ces deux portraits. Dans leur contraste, ils se complétaient l'un l'autre et montraient les formes diverses que le talent de l'auteur pouvait prendre. Le *portrait de Miss Alexander* exposé à la Grosvenor Gallery en 1881, avait été particulièrement maltraité par la critique anglaise. Les caricatures avaient tellement défiguré la jeune fille représentée, que la pauvrette, incapable naturellement de comprendre le mérite intrinsèque de l'œuvre et ne voyant que la laideur qu'on lui prêtait, se sentait honteuse quand on la désignait comme l'original de l'œuvre ou que, reconnue comme telle, l'attention se fixait sur elle. Ce portrait, dans son arrangement imprévu de gris et vert transparents, frappait au contraire tout particulièrement les artistes au Salon. Il était donc l'objet de nombreuses louanges, qui venaient s'ajouter à l'approbation générale recueillie par le portrait de Carlyle.

Continuant à prendre Paris pour centre de ses expositions, maintenant qu'il avait abandonné à Londres la Grosvenor

LADY MEUX
Arrangement en blanc et noir
Salon de 1882
Héliogravure

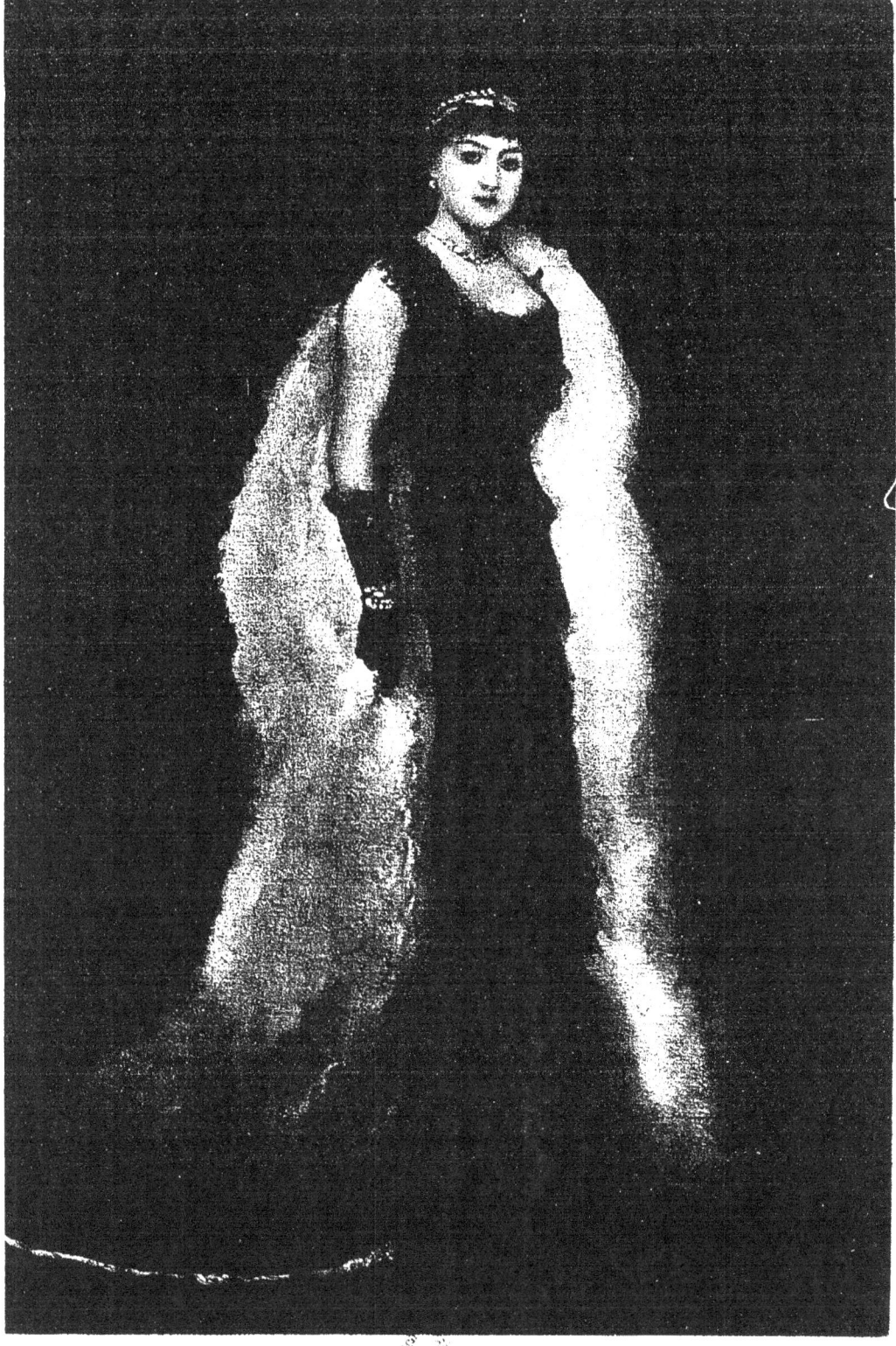

Gallery et que la *Society of British artists* dans Suffolk street allait lui être fermée, il envoyait au Salon, en 1885, les portraits de Lady Archibald Campbell et de Théodore Duret, en 1886 le portrait de Sarasate et, en 1890, deux nocturnes. Les distinctions honorifiques conférées par le gouvernement venaient maintenant s'ajouter à la récompense décernée par les artistes. En 1889 il était fait chevalier de la Légion d'honneur, en 1891 officier. Ces décorations montraient clairement l'estime dans laquelle il était tenu en France. Ce fut un nouveau coup porté à ses détracteurs en Angleterre.

La cause déterminante de son grand succès en France avait été en définitive la montre du portrait de sa mère au Salon, en 1883. Whistler, qui a toujours été très sensible au bon accueil qu'il a reçu en France, qui a toujours su témoigner de son estime pour tout ce qui était français, voulut, dans ces circonstances, que ce portrait, l'œuvre à laquelle il tenait le plus, appartînt à la France. Il déclara donc à ses amis de Paris qu'il désirait le voir entrer au Musée du Luxembourg et que, puisque de la France lui étaient venus les récompenses et les témoignages d'approbation, qui avaient contribué à lui amener ailleurs l'opinion, il serait reconnaissant d'une dernière faveur qu'on pourrait lui faire, celle d'acheter le tableau, en fixant d'ailleurs un prix aussi réduit qu'on voudrait. La question d'argent ne se posait pas pour lui dans ce cas, le prix bas qu'on pourrait offrir lui était indifférent, c'est le principe de l'achat en lui-même auquel il tenait. En effet le simple fait de l'achat d'un de ses tableaux, par un tel personnage que le gouvernement français pour son musée national, prendrait le caractère d'une victoire artistique et lui vaudrait, auprès des Américains et des Anglais, une vraie consécration.

Lorque le désir que Whistler ressentait de faire entrer son œuvre au Musée du Luxembourg, sous la forme d'une vente à prix tellement réduit que son désintéressement ressortait évident, fut connu, on se montra prêt à y souscrire. Le tableau avait été remis à Paris à M. Joyant, de la maison Boussod Valadon, qui entama la négociation. M. Roger Marx, inspecteur des Beaux-Arts la conduisit au ministère et fit décider l'achat, en principe, au prix de quatre mille francs. Le ministre de qui relevaient les Beaux-Arts, M. Bourgeois écrivit alors à Whistler, pour lui dire qu'il serait heureux d'acquérir le portrait de sa mère, mais que la somme qu'il pourrait offrir lui paraissait si peu élevée, qu'il craignait qu'elle ne fût un obstacle à la conclusion de l'achat. Whistler répondit par la lettre suivante :

« 23 novembre 1891.

« Monsieur le Ministre,

« Vous me voyez fort heureux et éminemment touché de
« l'honneur que vous me faites, en me proposant l'achat
« d'une de mes œuvres pour le Musée du Luxembourg.

« Le tableau dont vous avez fait choix est bien précisément
« celui que je pouvais le plus sensiblement souhaiter voir
« devenir l'objet d'une si solennelle consécration.

« Je m'empresse donc de vous faire savoir, que l'obstacle
« des conditions prévu par votre lettre n'en saurait être un,
« puisque je m'en remets entièrement à vous, monsieur le
« Ministre, pour le soin de les fixer vous-même, d'après ce
« que vous savez des ressources mises à votre disposition en
« pareil cas par l'État.

« Ce flatteur témoignage de sympathie, couronnant les
« gracieux honneurs qui me viennent de France, m'est trop
« précieux pour que je veuille, en cette occasion, examiner
« autre chose que lui-même.

« Veuillez agréer, monsieur le Ministre, l'assurance de ma
« plus haute considération.

« James WHISTLER. »

Le ministre, M. Bourgeois, vint après cela, en personne, voir le tableau chez MM. Boussod Valadon. Il le loua fort, et en ratifia définitivement l'achat au prix fixé de 4.000 francs, en s'excusant de la modicité de la somme accordée A la suite de cette transaction, où la courtoisie et la bienveillance avaient été égales des deux parts, le *Portrait de ma mère* prenait place au Musée du Luxembourg.

Comme Whistler l'avait prévu, son entrée par achat dans un musée national français fut pour lui une vraie consécration. Les artistes de Londres de la nouvelle génération maintenant grandie, lui donnèrent un banquet pour célébrer l'événement. Il n'allait plus éprouver de difficultés à vendre les œuvres qu'il produirait et, quoiqu'il n'en retirât point personnellement avantage, c'était avec satisfaction qu'il assisterait aux ventes à des prix désormais élevés de ses anciens tableaux, si longtemps dénigrés et achetés jusqu'alors à des prix réduits.

La maison Boussod Valadon ayant son siège principal à Paris et une succursale à Londres, était tout à fait acquise à Whistler. Elle avait en 1887 édité une série de ses lithographies et tenait depuis longtemps de ses tableaux, qu'elle vendait en surmontant le mieux possible la défaveur qui les atteignait alors. Whistler se résolut en conséquence à faire dans ses galeries de New-Bond street une exposition d'ensemble de son œuvre peinte. Il pensait qu'après le travail qui s'était opéré en sa faveur en Angleterre, les marques d'approbation officielles recueillies en France, l'entrée du portrait de sa mère au Musée du Luxembourg, une telle exposition exercerait une action heureuse sur le public anglais. Il trouva dans le directeur de la succursale de Londres, M. D. C. Thomson, un auxiliaire dévoué, qui sut rechercher et réunir les tableaux. L'exposition s'ouvrit en mars 1892. Elle comprenait comme portraits : Miss Alexander, Carlyle, Rosa Corder, Lady Meux en rose, Lady Archibald Campbell dénommée alors la Dame au brodequin jaune. Comme œuvres diverses : L'écran doré, La petite fille blanche, La symphonie en blanc n° III, Le balcon, La jaquette de fourrure. Comme nocturnes : Gris et argent, quai de Chelsea ; bleu et or, le vieux pont de Battersea ; noir et or, la roue de feu ; noir et or, la fusée qui tombe ; gris et or, la neige à Chelsea ; bleu et argent,

Arrangement en jaune et gris.
Musée d'Amsterdam.

la Tamise à Battersea; gris et or, le pont de Westminster; Bleu et argent, Bognor; bleu et or, Valparaiso. Comme vues en clair : Chelsea sous la glace; Crépuscule en couleur chair et vert, Valparaiso; Symphonie en gris et vert, l'Océan; bleu et argent, la vague bleue; rose et gris, Chelsea.

Le succès de cette exposition d'ensemble révéla le changement qui, au cours des années, s'était opéré dans l'opinion anglaise. On était amené ainsi à reconnaître de nouveau, comment le temps sert les novateurs et les originaux. On pouvait constater une fois de plus que, pour que l'opinion publique se transforme, il faut cette action lente, qui amène à la vie une nouvelle génération, naturellement portée à trouver bon ce qui avait paru mauvais à la devancière. Voilà donc ce même Whistler, qui venait représenter en bloc les œuvres condamnées en détail. Il ne faisait aucune concession. Là apparaissaient de nouveau ses nocturnes les plus honnis. Dans le catalogue s'étalait plus que jamais cette nomenclature musicale, jugée à sa survenue monstrueuse. Sa première exposition d'ensemble en 1874, dans Pall-Mall, avait soulevé le public contre lui, mais maintenant que l'accoutumance était acquise, que les spectateurs appartenaient en grande partie à une autre génération, le résultat était tout différent et le succès se produisait avec éclat.

Certes il y avait encore nombre de gens incapables de comprendre les nocturnes et qui ne voyaient toujours dans la nomenclature musicale qu'une fantaisie bizarre, mais les œuvres claires, les portraits étaient acceptés et goûtés de tous. Et de nombreux artistes, tout un monde de jeunes gens admiraient l'ensemble sans restriction. Le plus surprenant était le ton changé des critiques et de la presse. On voyait surgir dans les journaux les plus divers des écrivains nouveaux venus qui, partisans de Whistler jusqu'à l'enthousiasme, n'avaient plus que des louanges à exprimer. Les vieux critiques si impitoyables ne se retrouvaient plus ; les uns en effet étaient morts, les autres gardaient le silence ou atténuaient leur blâme. Lorsque l'exposition prit fin, Whistler sentait que sa situation en Angleterre allait être changée. Il serait désormais reconnu et apprécié. Il serait tenu pour un artiste créateur, avec la réserve, chez ceux qui persistaient plus ou moins dans le vieil état d'esprit, qu'à l'extrême point son originalité atteignait l'excentricité et frisait l'incompréhensible.

Le portrait de Carlyle figurait à l'exposition, chez MM. Boussod Valadon avec la mention, sur le catalogue : prêté par la corporation de Glasgow. Après être resté des années sans pouvoir se vendre, il venait en effet d'être récemment acheté par la ville de Glasgow. Mais il faut raconter comment Whistler avait dû garder si longtemps ce portrait, ne serait-ce que pour enseigner la patience à ces artistes qui, dans l'avenir, pourraient être eux aussi méconnus et devraient attendre les acheteurs.

Il avait d'abord exposé le *Portrait de Carlyle* à Londres en 1874, dans Pall-Mall, en 1877, à la Grosvenor Gallery. Il en demandait 400 guinées (10.500 francs). Aucun acheteur ne s'était présenté. Dans ces mêmes années, il l'avait aussi envoyé à une exposition à Édimbourg. Le portrait avait attiré l'attention de certains patriotes, qui, désireux d'assurer à l'Écosse cette image d'un de ses grands hommes, se mirent à faire circuler des listes de souscription. Il s'agissait de réunir les 400 guinées demandées. Mais ils eurent soin d'expliquer dans un préambule, que le mobile de leur action était uniquement le désir de posséder un portrait de Carlyle et point du tout celui d'avoir un tableau d'un artiste aussi décrié que l'était alors Whistler. Celui-ci, apprenant le commentaire désobligeant apporté à l'achat de son œuvre, y vit une insulte à sa dignité d'artiste, il écrivit immédiatement pour élever le prix de 400 à 1.000 guinées. C'était mettre fin à toute possibilité de vente. En effet les gens qui ne seraient peut-être pas parvenus à réunir même 400 guinées, pour un portrait ayant le désavantage d'être de Whistler, s'arrêtèrent immédiatement devant la demande, qui paraissait à cette époque irréalisable et insensée, de 1.000 guinées.

Le portrait revint à Londres. Whistler le remit alors à M. Graves, éditeur de gravures dans Pall-Mall, qui s'assura le droit de reproduction et le fit graver à la manière noire, comme pendant au *Portrait de ma mère* qu'il gravait aussi. Puis Whistler, à la suite du procès Ruskin, tombé dans des embarras d'argent, obtint de M. Graves une avance de 200 guinées sur le prix de vente toujours fixé à 400 guinées. En 1884 il voulut envoyer le portrait au Salon à Paris ; à ce moment j'étais à Londres et se trouvant pris lui-même par l'exécution d'une de ses œuvres, il me pria de lui rendre le service de le faire partir. J'allai trouver M. Graves. Il vit avec plaisir l'envoi du tableau au Salon, ce qui augmentait les chances de vente, cependant pour garantir son avance de 200 guinées, il ne consentit à s'en dessaisir que contre un reçu que je lui donnai, portant engagement de le lui retourner après le Salon. Le tableau fut fort admiré à Paris par les artistes et les connaisseurs, d'ailleurs personne ne se présenta pour l'acheter et à la clôture du Salon je le fis revenir chez M. Graves, qui me remit mon reçu.

M. Graves désireux de vendre le tableau pour rentrer dans son avance, me demanda alors de l'aider à trouver un acheteur. Nous passâmes en revue les collectionneurs et amateurs de Londres, que nous soupçonnions à même de pouvoir apprécier une œuvre de Whistler et il nous fut impossible d'en découvrir un seul, dans des dispositions d'esprit à réellement acheter le *Portrait de Carlyle*. Je connaissais un riche négociant de Dublin, qui patronnait en Irlande les expositions d'art et achetait des tableaux ; l'ayant justement rencontré à Londres, je l'amenai devant le portrait. M. Graves et moi le lui vantâmes avec tant de chaleur que nous le décidâmes presque à l'acheter. Cependant il demanda à réfléchir. Il alla aux renseignements et marchands, amateurs, artistes consultés, le détournèrent si bien qu'il renonça à l'achat et repartit pour Dublin, sans chercher à me revoir. Je l'ai revu depuis. Whistler avait conquis enfin la faveur et vendait ses œuvres et il m'a exprimé le grand regret qu'il éprouvait maintenant d'avoir manqué le portrait.

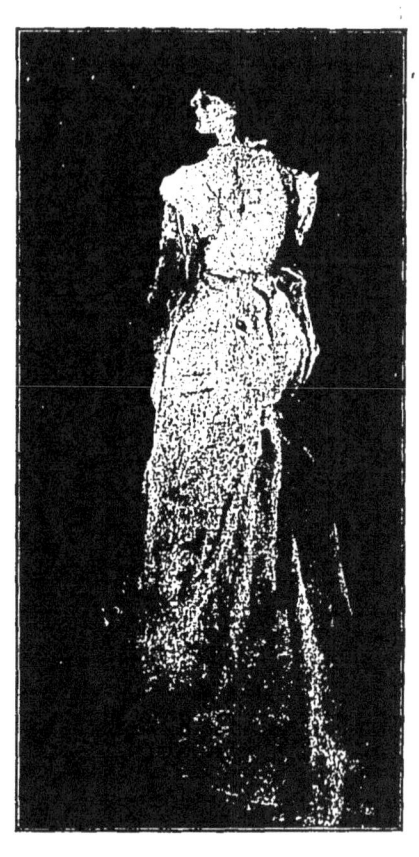

Arrangement en couleur chair et rouge.

« Mais, m'a-t-il dit, je n'étais pas assez connaisseur pour oser passer outre à l'opinion générale hostile, et je pensais que M. Graves et vous ne louiez l'œuvre, vous que par amitié pour Whistler, M. Graves que par intérêt. » M. Graves ne réussit donc point à vendre le tableau, lorsque Whistler, ayant rétabli ses affaires, lui remboursa son avance de deux cents guinées et reprit son bien.

En 1888 il y eut à Glasgow une exposition universelle, qui joignit aux produits de l'industrie une section des Beaux-Arts. Whistler y envoya le portrait de Carlyle, il en demandait maintenant mille guinées. L'exposition eut un grand succès. Elle fut visitée on peut dire par tous les Écossais et par de nombreux Anglais. Carlyle était mort depuis des années et son portrait attira particulièrement l'attention. Glasgow est une ville riche, qui compte des amateurs d'ordre divers. Il s'y fût trouvé sûrement quelque acheteur isolé ou quelque groupement, prêt à payer un gros prix pour un portrait de Carlyle qui eût été peint par un artiste en faveur et dont les œuvres se fussent vendues d'habitude très cher, mais on ne pensait pas encore en Écosse qu'un tableau de Whistler pût valoir mille guinées. Aussi le portrait exposé, tout en étant très regardé, ne trouva-t-il point acquéreur et revint-il à Whistler, à Londres.

Cependant l'attention restait maintenant fixée sur le portrait de Carlyle, vu si souvent et les artistes écossais, qui avaient su l'admirer, se résolurent, à une démarche, pour en amener l'achat par la ville de Glasgow. Ils présentèrent un mémoire à la corporation ou conseil municipal où ils l'invitaient à l'acheter : il fallait, disaient-ils, assurer à l'Écosse ce portrait d'un de ses grands hommes, qui avait l'avantage

PORTRAIT DE M. THÉODORE DURET
Arrangement en couleur chair et noir. Salon de 1885
Reproduction Clot

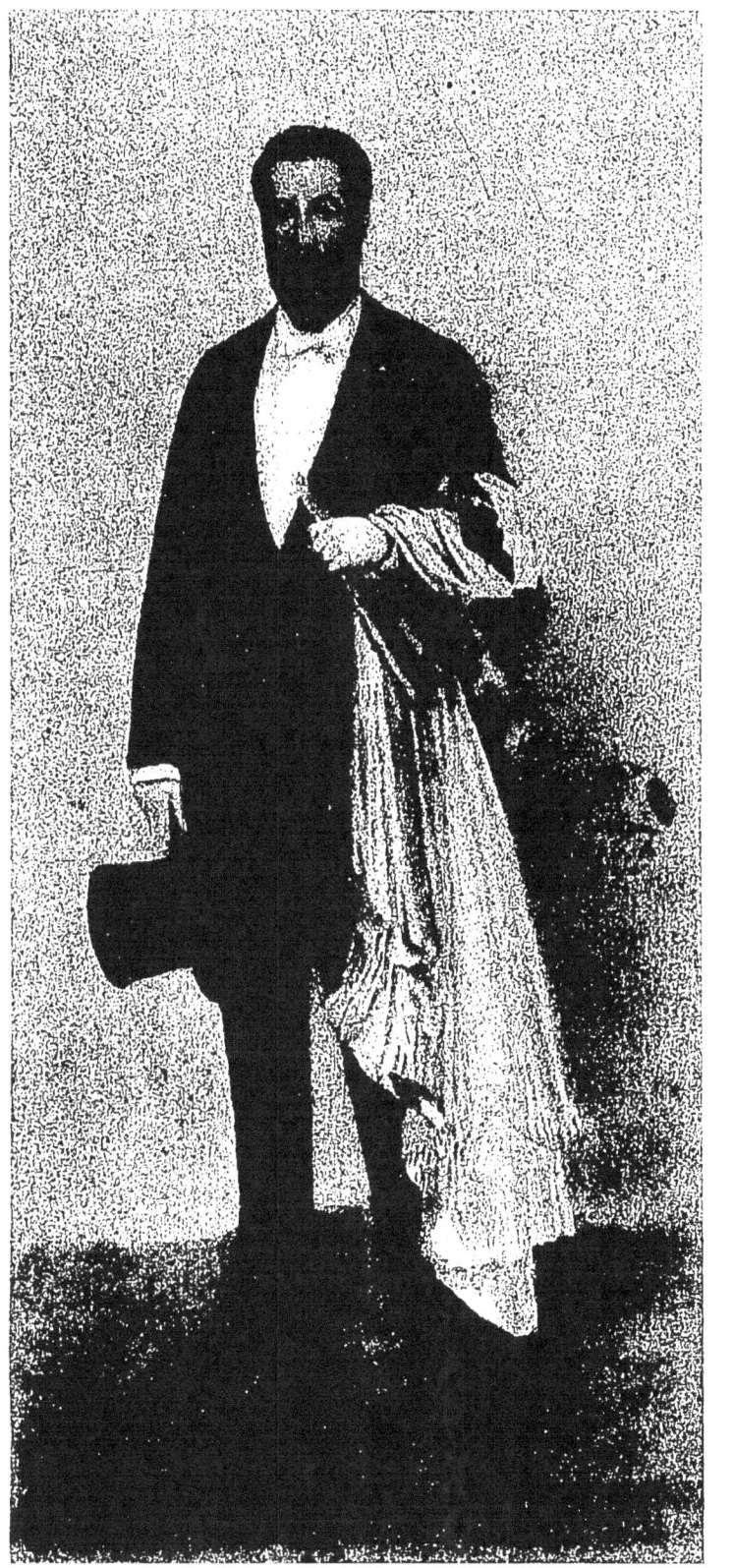

exceptionnel d'être un chef-d'œuvre d'art. La corporation ainsi éclairée décida, en 1891, l'acquisition du tableau et l'envoi de quelques-uns de ses membres à Londres afin de la réaliser. On savait que le prix était de mille guinées. La Corporation imbue des vieilles idées sur le peu de valeur vénale des œuvres de Whistler et désireuse de ménager les deniers publics, trouvant ce prix excessif, avait chargé ses envoyés d'en obtenir la réduction. Venus à Londres, ils voulurent donc marchander. Whistler, en même temps qu'il se dit touché de l'honneur qu'on lui faisait de rechercher son tableau, leur exprima son étonnement qu'une ville comme Glasgow essayât de lui disputer quelques guinées et il leur déclara, que s'ils ne se décidaient, *hic et nunc*, à lui payer son prix, il l'élèverait ensuite considérablement ou même vendrait le tableau ailleurs. Les envoyés, sous le coup de cette menace, consentirent sans plus à donner les mille guinées et le portrait allait prendre place au musée de Glasgow, dont il fait maintenant la gloire.

Ainsi il avait fallu près de vingt ans pour que le portrait de Carlyle trouva acheteur, au prix qui paraît aujourd'hui si modeste de mille guinées, et il avait été montré sans pouvoir se vendre, à deux expositions à Londres, à deux en Écosse, et au Salon à Paris.

Whistler était resté longtemps ignoré des Américains, ses compatriotes. Il avait quitté son pays de naissance et il fallait naturellement un long temps pour que son nom et ses œuvres fussent connus sur une terre où il n'habitait plus. Le premier compatriote qui sut l'apprécier fut M. George Lucas, de Baltimore, un ami de son demi-frère aîné, l'ingénieur ; il était venu lui aussi résider en France, à Paris ; en arrivant il l'avait recherché et s'était lié avec lui. Il eut l'occasion de lui donner un coup d'épaule, en signalant ses œuvres à M. Avery de New-York, commissaire général des États-Unis pour la section des Beaux-Arts, à l'Exposition universelle de 1867, à Paris. M. Avery fit en conséquence figurer de nombreuses eaux-fortes de Whistler et quatre de ses tableaux, parmi lesquels la *Fille blanche*, dans la section américaine, à l'Exposition universelle de 1867. M. Avery, éclairé dès lors sur la valeur de Whistler, se mit particulièrement à rechercher ses eaux-fortes. Il put ainsi, à une époque où elles n'étaient pas très rares, en commencer une collection qui, poursuivie pendant des années, est devenue une des plus précieuses qui sera certainement jamais formée [1].

En exceptant ces amis de la première heure et quelques autres, Whistler resta pendant des années inconnu des Américains, qui n'avaient du reste aucune occasion de voir ses œuvres. Lorsque le bruit fait par le procès Ruskin, et par l'étrangeté des nocturnes et de la langue musicale eut répandu son nom parmi eux, ils ne surent d'abord le voir que sous les traits que leur présentait le miroir anglais. Il leur faisait l'effet d'un être excentrique, dont l'art était d'un mérite incer-

---

[1] Cette collection se trouve maintenant à la Bibliothèque publique de New-York, à laquelle elle a été donnée par M. Avery.

tain et le talent hors de classification. Cette sorte de jugement se maintint à peu près, jusqu'au jour où le succès obtenu en France vint changer leur opinion. Lorsqu'ils virent que Whistler en France était définitivement placé au premier rang parmi les illustres, ils comprirent que ce devait être le plus grand artiste que leur pays eût produit, car il n'était encore arrivé à aucun des leurs d'obtenir une telle consécration. Ils surent, dès lors, sous des formes diverses, lui donner des témoignages de leur estime et de l'orgueil qu'il leur causait. A partir de ce moment, Whistler put se sentir aux États-Unis tenu au rang d'homme contribuant à la gloire nationale.

Les collectionneurs américains se sont mis, dans ces dernières années, à rechercher ses œuvres et, avec la décision qui les caractérise et en en élevant les prix, ils ont fait passer d'Europe en Amérique, un très grand nombre de ses eaux-fortes et de ses tableaux.

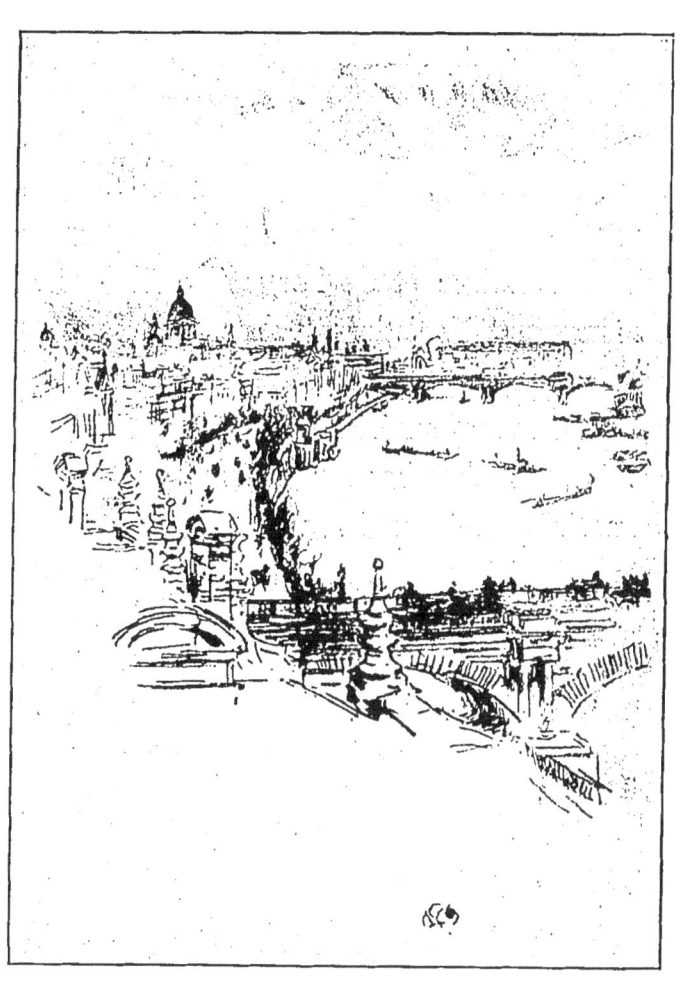

Le petit Londres (lithographie).

LES DERNIÈRES ANNÉES

Whistler devait se montrer comme artiste dans ses dernières années, de même qu'à son début, sous le double aspect d'aqua-fortiste et de peintre, avec cette addition que l'aqua-fortiste s'était doublé du lithographe. Il avait continué, pendant les années que nous venons de traverser, à ajouter de nouvelles eaux-fortes à la liste déjà longue des anciennes. M. Wedmore, dans le catalogue dressé en 1886 des eaux-fortes de Whistler [1], inscrivait 214 numéros, dans une seconde édition publiée en 1899 [2], comprenant les pièces nouvelles produites à cette date, le nombre montait à 268. En 1902, un amateur américain publiait un

---

[1] Whistler'setchings by Frederick Wedmore. A. W. Thibeaudeau. London, 1886.
[2] Whistler'setchings by Frederick Wedmore. P. and D. Colnaghi. London, 1899.

catalogue à New-York[1], où il ajoutait aux pièces déjà décrites, tant en pièces omises que nouvelles, plus de cent numéros et portait le total à 372. Aussi bien on a pu en faire au Carlton Club de Chicago, une exposition comprenant 320 sujets divers ou variantes et plus récemment une autre, à Londres, chez MM. Obach de 249 pièces. Les œuvres produites en dernier lieu sont principalement des vues prises en France à Tours, Bourges, Loches, Paris; en Belgique à Bruxelles, en Hollande, et à la revue navale de la flotte anglaise à Spithead, lors du jubilé de la reine Victoria.

Les eaux-fortes produites en dernier par Whistler, séries ou pièces détachées, montrent l'extrême point que son originalité devait atteindre. Dès ses débuts, on avait reconnu en lui le graveur d'instinct, l'homme que ses propensions destinaient à se servir de préférence d'une pointe pour dessiner. Il était allé tout de suite, dans les circonstances les plus diverses, prendre, le cuivre à la main, des images devant la nature. En développant cette coutume, il est à la fin arrivé à fixer les effets les plus éphémères et ce que les autres ne font généralement qu'à l'aide d'un crayon et d'un calepin, il le faisait, lui, avec la pointe et le cuivre. Il emportait en voyage des cuivres tout préparés dans ses malles, ensuite arrivé sur un lieu d'élection, en mettait dans sa poche, pour s'en servir à l'improviste. Il a pu ainsi exécuter des séries de sommaires esquisses, de rapides

---

[1] Catalogue of etchings by J. McN Whistler compiled by an amateur. New York. Wunderlich, 1902.

croquis. On est loin avec lui du graveur classique, travaillant dans son atelier sous une glace dépolie.

Les dernières eaux-fortes présentent de ces images saisies comme au vol, en plein air. Il a produit ainsi de légères vues marines, à l'occasion de la grande revue de la flotte anglaise à Spithead. Le travail a été exécuté sur un bateau en marche. Le nombre des traits a été réduit au minimum. Les images obtenues n'en donnent pas moins une sensation étonnante de l'espace. Elles laissent voir les cuirassés au loin, à l'état minuscule et cependant toujours puissants et robustes. La houle est marquée par quelques rides de l'eau. Des pavillons tout seuls à une drisse, s'agitent de telle sorte qu'ils font sentir la force de la brise. La qualification qui vient d'elle-même à l'esprit devant cette suite de Spithead, est celle d'*impressionniste* et, en effet, l'eau-forte y rend de ces apparitions fugitives, de ces sensations de mouvement, qu'on ne s'était point encore permis de lui demander.

Prises au hasard des lieux et des circonstances, les eaux-fortes de sa dernière période présentent naturellement une grande variété dans le degré d'exécution et la somme de travail, à côté de croquis tout à fait fugitifs, se trouvent des motifs rendus avec leurs détails. Les vues de Hollande rentrent dans cette dernière catégorie. Whistler aimait beaucoup la Hollande. Il y est allé à maintes reprises. Il y a pris des vues à l'eau-forte qui, par leur technique, se rapprochent plutôt de celles de Venise, ce qui s'explique par une sorte de similitude des sujets, malgré la différence des climats. Il trouvait en Hollande, comme à Venise, des monuments et des maisons sur des canaux et les procédés appliqués aux premiers motifs devaient revenir plus ou moins avec les seconds, par suite du fond commun existant entre eux.

Whistler, dans son raffinement, en était venu à ne plus pouvoir souffrir le tirage de ses eaux-fortes par aucun imprimeur. Les gravures de sa dernière période ont été toutes obtenues par lui avec un soin extrême et présentent l'impression arrivée à son dernier degré de délicatesse. Les esquisses et croquis les plus légers ont été très peu tirés. Le travail subtil de la pointe n'a guère permis de faire mordre le cuivre et, sous l'action de la presse, les traits se sont rapidement effacés. Beaucoup des dernières pièces sont donc destinées à rester très rares.

Whistler a montré la plupart des œuvres peintes dans les dernières années de sa vie à de nombreuses expositions, tant à Paris qu'à Londres. Lorsqu'en 1890 la *Société nationale des Beaux-Arts* se forma à Paris avec ses expositions au Champ-de-Mars, en abolissant chez elle l'octroi de médailles et de récompenses, contrairement à la *Société des artistes français* qui continuait aux Champs-Élysées les anciens Salons avec leurs pratiques, il s'y rallia et la choisit pour y exposer les œuvres principales qu'il voulait faire connaître en France. Il montra ainsi en 1891 au Champ-de-Mars le *Portrait de Miss Rosa Corder* et *la Marine de Valparaiso*. Il y envoyait en 1892 un des por-

Miss Rosa Corder.

traits peints à Londres, à son retour de Venise, de Mme Meux, devenue maintenant Lady Meux, le portrait clair, *Harmonie en gris et rose*, avec plusieurs de ses nocturnes.

En 1894 il avait au Champ-de-Mars une exposition variée, des nocturnes, deux marines et, dominant le tout, le portrait en pied, de grandeur naturelle, du comte Robert de Montesquiou-Fezensac. Ce portrait avait été exécuté à Paris où Whistler, après trente ans, venait de nouveau résider. Montesquiou est en habit noir, — c'était le troisième habit noir que Whistler peignait, — sa pelisse jetée sur le bras gauche et la main droite appuyée sur une badine. Le portrait était désigné en sous-titre *Noir et or*, d'après l'arrangement des couleurs réalisé. Cette œuvre est une de celles où l'on peut le mieux voir, comment le souci que l'auteur avait d'obtenir des combinaisons de coloris, se produisait sans nuire au rendu des traits humains. Elle vient ainsi prouver que les deux qualités, la réussite d'une beauté de coloris et l'expression de la vie, pouvaient s'obtenir parallèlement et s'adapter l'une à l'autre, sans se nuire. Le portrait de Montesquiou est certes d'une belle coloration dans les noirs, cependant l'original s'y montre bien avec son caractère double. On sent dans cet être maigre et élancé le gentilhomme et, en même temps, le personnage plein d'artifice. La pose est tout un poème. L'homme qui tient ainsi sa badine d'une main contournée et affecte un tel air indifférent, révèle magnifiquement au pauvre monde son dilettantisme quintessencié.

Dans son atelier de la rue Notre-Dame-des-Champs, où il avait exécuté le portrait de Montesquiou, Whistler peignait encore un portrait en pied de M. George Vanderbilt. Je le vis un soir, tard, dans l'atelier. Je n'en distinguai bien que le bas des jambes très minces. Généralement les peintres arrangent les parties du corps qui leur paraissent hors des règles, pour les ramener au type commun, mais Whistler avait évidemment laissé aux jambes de son modèle leur réelle minceur. Il l'avait d'ailleurs fait avec art, car elles ne présentaient rien de disgracieux et donnaient bien l'idée qu'elles suffisaient à supporter le poids du corps. Je n'avais vu ce portrait que fugitivement, une seule particularité celle des jambes m'avait frappé, puis je l'oubliai, n'ayant aucune raison spéciale de me le rappeler.

Je me trouvais des années après à Cologne et, pour rentrer à Paris, pris le train venant de Berlin. Un voyageur se tenait debout dans le corridor du long wagon où je montai. Je fus frappé de la minceur particulière de ses jambes. Je pus m'assurer, en le regardant attentivement, que je ne l'avais jamais vu, cependant ses jambes minces m'étaient connues. Après avoir cherché assez longtemps à m'expliquer, sans y parvenir, comment je pouvais connaître une partie d'un homme que j'étais sûr de n'avoir jamais rencontré, le portrait de Whistler me revint tout à coup à l'esprit. Je me dis, ce doit être là M. Vanderbilt. J'allai aux renseignements ; en effet, c'était bien lui qui venait de Berlin.

Je racontai à Whistler comment j'avais reconnu en voyage un de ses modèles, à une particularité vue dans un de ses tableaux. Il en éprouva un grand plaisir. Il y trouvait la justification de son esthétique et de ses pratiques. C'était bien la preuve, comme il le soutenait, que les recherches de coloris ne l'empêchaient pas de rendre le modèle vivant dans toute sa vérité.

Whistler participait aussi aux Expositions internationales de peinture tenues dans la salle Petit, rue de Sèze. Il y montrait à plusieurs reprises, des séries complètes de ses tableaux. On pouvait grâce à ces envois s'ajoutant à ceux du Champ-de-Mars, connaître à Paris la gamme entière de ses nocturnes. Des productions du pinceau conçues en dehors des données courantes, avec une appellation spéciale, ne sauraient en aucun lieu, parler au grand public. Les nocturnes ne furent donc pas au fond plus appréciés du public parisien qu'ils ne l'avaient été de celui de Londres, mais l'indignation et le mépris qu'ils avaient soulevés à Londres n'eurent aucun équivalent à Paris. Les arrangements de couleurs et de tons, les effets de lumière ou d'ombre, depuis longtemps acceptés comme partie légitime des recherches des peintres, ne sauraient plus paraître étranges. Si cependant les appellations de Whistler tirées de la musique semblaient toujours singulières, elles n'étaient d'ailleurs tenues par les Parisiens, habitués à l'originalité des artistes, que pour une fantaisie ne préjugeant en rien de la valeur des œuvres. Les nocturnes n'obtinrent donc point à Paris, en bien ou en mal, la grande notoriété qu'ils avaient acquise à Londres. La

PORTRAIT DU COMTE ROBERT DE MONTESQUIOU-FEZENSAC
Noir et or. Salon du champ de Mars 1894
Gravure de GUÉRARD

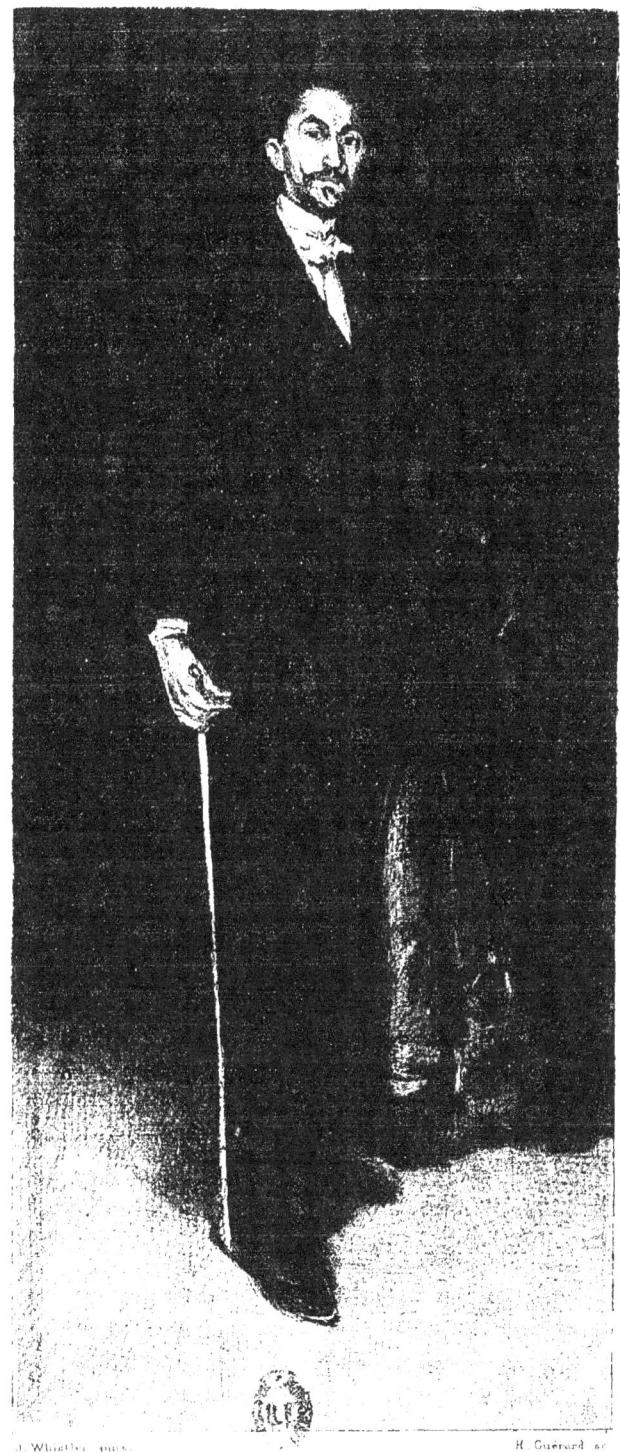

LE COMTE ROBERT DE MONTESQUIOU-FEZENSAC.

foule les regarda comme des choses curieuses, sans en retirer de sensation bien déterminée.

Cependant ils furent compris et admirés par ces délicats, critiques, peintres, poètes ou musiciens, pour lesquels Verlaine a écrit :
> Car nous voulons la nuance encor
> Pas la couleur rien que la nuance.

Dans ce cercle, où la recherche de la forme inusitée et de l'expression subtile est le fond de l'esthétique, ils excitèrent de l'enthousiasme. On ne sut assez les louer. Ils montraient rendues effectivement ces ombres transparentes, ces apparitions éphémères, qui semblent devoir s'évanouir, lorsqu'on veut leur donner une forme concrète. Ce qui paraissait de sa nature insaisissable était là arrêté sur la toile. Ce qu'on eût cru devoir échapper à la main tenant le pinceau, était fixé et cependant conservé dans toute sa fluidité. Il y avait dans ces œuvres de raffinement la maîtrise d'exécution de celui qui a réussi à rendre ce que les autres ont rêvé ou entrevu sans le croire réalisable. Gustave Geffroy a exprimé la grande impression produite sur lui et sur ses amis par les nocturnes, lorsqu'il a dit : « C'est « la nuit qui passe sur l'eau, qui englobe la ville, qui absorbe « l'air, c'est elle qui domine le paysage, qui lui donne cette « couleur inclassée que l'on voit les yeux fermés, qui en fait « l'apparence visible de l'Ombre, le portrait prodigieux de « l'Obscurité. » Huysmans en a parlé avec étonnement : « Ces sites d'atmosphère et d'eau s'étendaient à l'infini, sug-

« géraient des dodelinements de pensée, transportaient sur
« des véhicules magiques dans des temps irrévolus, dans les
« limbes. C'était loin de tout, aux extrêmes confins de la
« peinture, qui semblait s'évaporer en d'invisibles fumées de
« couleurs, sur ces légères toiles. »

Chaque art a ses formules particulières d'expression, mais cependant il est des modes qui, par leurs traits caractéristiques, peuvent s'étendre à tous. Sous la diversité des procédés, la poésie, la peinture et la musique pourront donc laisser voir, à de certains moments, un esprit commun. Le côté de fluidité, de rêve, de nuances indéterminées que possédait la peinture de Whistler, trouvait de très près son équivalent, en poésie, dans les vers de Mallarmé et de Verlaine. La plume et le pinceau produisaient ici, en se tenant chacun à ses règles et cependant selon une esthétique au fond semblable, et pour obtenir un résultat après tout du même genre. La musique seule était restée en dehors de l'innovation raffinée, mais elle devait aussi la connaître. L'homme qui lui en donnait la formule, Debussy, admirait tout particulièrement l'art de Whistler. De même que Mallarmé était son poète, Whistler était son peintre. Et sans vouloir pousser plus loin qu'il ne convient l'influence du peintre sur le musicien, on doit croire que les nocturnes de Whistler ont agi par suggestion sur Debussy, pour l'amener à produire les siens. Les nocturnes de Whistler laissent le motif à l'état indéterminé, sous une enveloppe générale d'atmosphère ou d'ombre, qui vaut par elle-même et devient la raison du tableau, et également dans les nocturnes de Debussy, la mélodie ou motif musical reste enveloppée dans une harmonie indéfinie et continue, qui forme la trame même de l'œuvre. Ainsi Whistler, qui au début avait dû emprunter

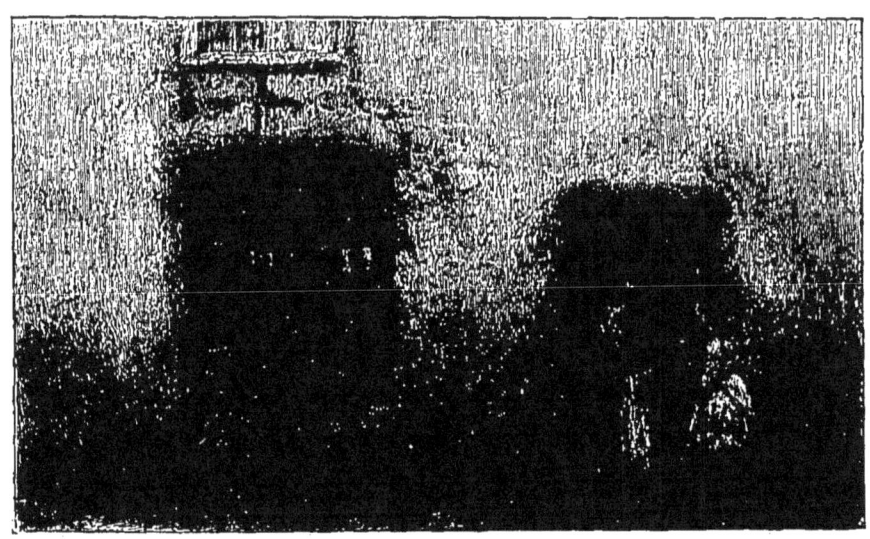

La petite boutique de sucreries.

à la musique la langue convenable pour exprimer ce que son art de la peinture avait d'inattendu, lui aura ensuite montré, par sa réussite, que le mode subtil et indéterminé était une forme désirable, qu'il pût lui appartenir aussi de s'appliquer.

Whistler participa à l'Exposition universelle de 1900, dans la section des État-Unis, à la fois comme peintre et comme graveur. Comme peintre il envoyait deux œuvres récentes, deux portraits en pied, le sien et celui d'une de ses belles-sœurs, Mme Whibley, et une œuvre ancienne, *La petite fille blanche*. Comme graveur, il montrait une série d'eaux-fortes et des lithographies. Il obtint une double récompense, deux médailles de première classe, l'une décernée au peintre, l'autre au graveur.

Pendant qu'il prenait part ainsi à Paris à de nombreuses expositions, il envoyait à Londres, aux expositions de la *Société internationale de sculpteurs, peintres et graveurs*, ayant son siège à Knightsbridge, et dont il avait été élu président. La société, comme son nom l'indique, avait pour but d'amener les artistes anglais et étrangers à se tenir ensemble. Whistler avait envoyé à ses expositions, pendant les trois années 1898, 1899 et 1901, des œuvres anciennes déjà vues et d'autres exécutées tout récemment, exposées pour la première fois, entre autres : *Bleu et corail*, Le petit chapeau bleu. — *Gris et argent*, La petite souris. — *Rose et brun*, La Cigale. — *Rose et or*, La petite Lady Sophie de Soho. — *Or et orange*, Les voisins. Les productions récentes, montrées à Londres et à l'Exposition universelle à Paris, avaient été exécutées quand il avait dépassé soixante ans. Il s'était donc écoulé plus de trente ans depuis qu'il s'était produit. C'est un laps de temps qui ne saurait manquer d'amener, de quelque manière que ce soit, de grands changements chez un peintre. Alors ce qui restait des vieux détracteurs se prit à déclarer que les dernières œuvres ne valaient point les anciennes et révélaient un affaiblissement du peintre. Les mêmes gens qui n'avaient pas trouvé assez d'épithètes pour exprimer leur mépris, lorsque d'abord ils s'étaient trouvés en présence des premières œuvres, ne savaient maintenant assez les louer. Cette sorte de palinodie n'est pas rare. Lorsqu'un peintre original et sortant des voies battues survient, ce qu'il laisse voir excite immanquablement à son apparition, les railleries, les colères et le mépris. Puis lorsque le temps s'écoule, que le peintre continue à produire en développant sa manière, ce sont les dernières œuvres qui sont dénigrées, les premières autrefois honnies, maintenant que l'on s'y est accoutumé, sont au contraire trouvées excellentes et servent d'autant mieux, par les louanges qu'on leur décerne, à attaquer les dernières, qu'on ne louera à leur tour que longtemps après ou même seulement lorsque leur auteur sera mort.

Whistler s'était marié à Londres en 1888 avec une Anglaise, fille du sculpteur Philip et veuve d'un de ses anciens amis, l'architecte Godwin, qui avait précisément bâti la *White house*, où il avait, avant 1879, résidé. Il vint en 1892 habiter Paris avec sa femme et demeura 110 rue du Bac. La vie qu'il menait à Paris contrastait avec celle qu'il avait connue à Londres. Il se trouvait ici adapté au milieu et cette excentricité et cette propension à se faire des ennemis qu'on lui découvrait en Angleterre, n'apparaissaient plus. S'il sortait toujours de l'ordinaire et laissait voir une originalité véritable, cela passait pour cette manière d'être à part de l'artiste qui, du consentement général, est admise comme naturelle. Whistler trouvait à Paris une reconnaissance générale de son mérite, il n'y rencontrait que des admirateurs, il aimait d'ailleurs d'une manière toute particulière les Français. Il n'avait donc aucune raison de mettre en exercice avec eux cet esprit de combativité qu'il avait montré avec les Anglais ; aussi vivait-il maintenant apaisé et comme un lutteur au repos. Sa société était recherchée par de nombreux artistes, qui le visitaient le dimanche, jour où il recevait. Ces relations, poussées avec certains jusqu'à l'intimité, amenaient la production de deux portraits de lui, les derniers qu'on devait avoir ; l'un, un buste à la pointe sèche, par Helleu, exécuté en 1898, l'autre, de grandeur naturelle, à l'huile, par Boldini, peint en 1897 et envoyé à l'Exposition universelle de 1900.

Il établit, pendant son séjour à Paris, une académie qui prit le nom d'Académie Whistler. Elle était située passage Stanislas, rue Notre-Dame-des-Champs, et placée sous la surveillance d'un de ses anciens modèles, une italienne, nommée Carmen. Whistler manquait des dons qui constituent le vrai professeur, tel qu'on se le représente par tradition. Son enseignement demeura donc toujours peu méthodique et consista surtout en recommandations d'ordre général. Il avait fait placarder, dans l'atelier où travaillaient les élèves, ses propositions n° 2 sur la peinture, ce qui revenait à leur dire : Si vous possédez des facultés supérieures, tant mieux, allez, développez-les ; si vous en manquez, tant pis, car, malgré tous vos efforts, ce que vous produirez n'aura jamais d'intérêt.

L'influence qu'il a pu exercer sur les élèves de son académie, comme sur les quelques artistes admis autrefois à Londres, à travailler auprès de lui, n'a donc point conduit à la formation d'une école, venant répéter ou continuer la manière du maître, tel que le fait s'est produit ailleurs, à divers moments. Les traits du maître étaient ici d'ordre trop personnel pour pouvoir se communiquer. Whistler n'a donc jamais réellement formé d'élèves. Son action directe ou indirecte sur nombre d'artistes n'en a pas moins été grande et sa marque est des plus visibles sur l'art de son temps. Quant à son académie de Paris, elle n'a eu qu'une existence éphémère et s'est fermée, après quelques années, sans laisser de traces bien distinctes.

Whistler vivait donc à Paris d'une façon paisible, adonné à ses poursuites d'artiste; cependant, ses occasions de conflit en terre anglaise ou avec des Anglais, n'avaient pas encore entièrement disparu et deux cas se présentaient, qui devaient le remettre sur ses armes. Dans le premier, il s'agissait d'une attaque dirigée contre lui sous forme littéraire par un artiste, Du Maurier; dans le second, d'un procès que lui intentait un baronnet anglais, Sir William Eden, à propos d'un portrait.

Du Maurier publiait dans le *Harper's magazine* de New-York, sous le titre de *Trilby*, un roman dont la scène se passait à Paris. Il y faisait entrer ses souvenirs d'artiste, alors qu'en qualité d'élève, il avait fréquenté les ateliers parisiens. Dans le numéro de mars 1894 du *Harper*, il passait particulièrement en revue ses anciens amis et camarades et parmi les figures évoquées, il s'en trouvait une où, sous le nom de Joe Sibley, Whistler était évidemment désigné. Du Maurier illustrait son roman de dessins et ce qui empêchait qu'il ne subsistât de doutes sur la réelle personnalité de Joe Sibley, c'est que dans un groupement donnant les portraits dessinés des anciens camarades décrits par la plume, on en découvrait un qui reproduisait, sans qu'on pût s'y méprendre, les traits de Whistler. Or Whistler transposé en Joe Sibley était devenu « un paresseux apprenti, le roi de la Bohême, le roi des Truands », un poseur, s'habillant avec excentricité pour attirer l'attention des passants dans la rue, un vaniteux plein de l'idolâtrie de lui-même, incapable envers qui que ce soit d'amitié durable, un plaisantin cherchant péniblement des mots d'esprit et s'appropriant ceux des autres, se tenant d'ailleurs coi lorsqu'il rencontrait un railleur plus brutal ou plus fort du poignet que lui. Ce portrait devenait d'autant plus noir, que les autres étaient au contraire embellis. Joe Sibley seul maltraité paraissait ainsi fort laid. En outre, parmi les anciens camarades, Du Maurier trouvait moyen d'en vanter un ou deux arrivés, disait-il, au sommet de la gloire par leur talent et pour avoir produit des œuvres de premier mérite et de Joe Sibley il n'était rien dit, qui pût apprendre qu'il se fût vraiment distingué comme peintre ou graveur.

La façon dont Whistler était présenté sous les traits de Joe Sibley, ne laissait aucun doute sur les sentiments de l'auteur à son égard. Pour qu'un homme avancé dans la vie comme Du Maurier traçât d'un autre homme, son contemporain, un tel portrait, il fallait qu'il nourrît contre lui une profonde malveillance et une vieille rancune. Cependant apparemment il ne s'était jamais produit entre eux de heurts ou de conflits. Ils

LA PETITE ROSE DE LYMEREGIS
Musée de Boston
Bois de PRUNAIRE

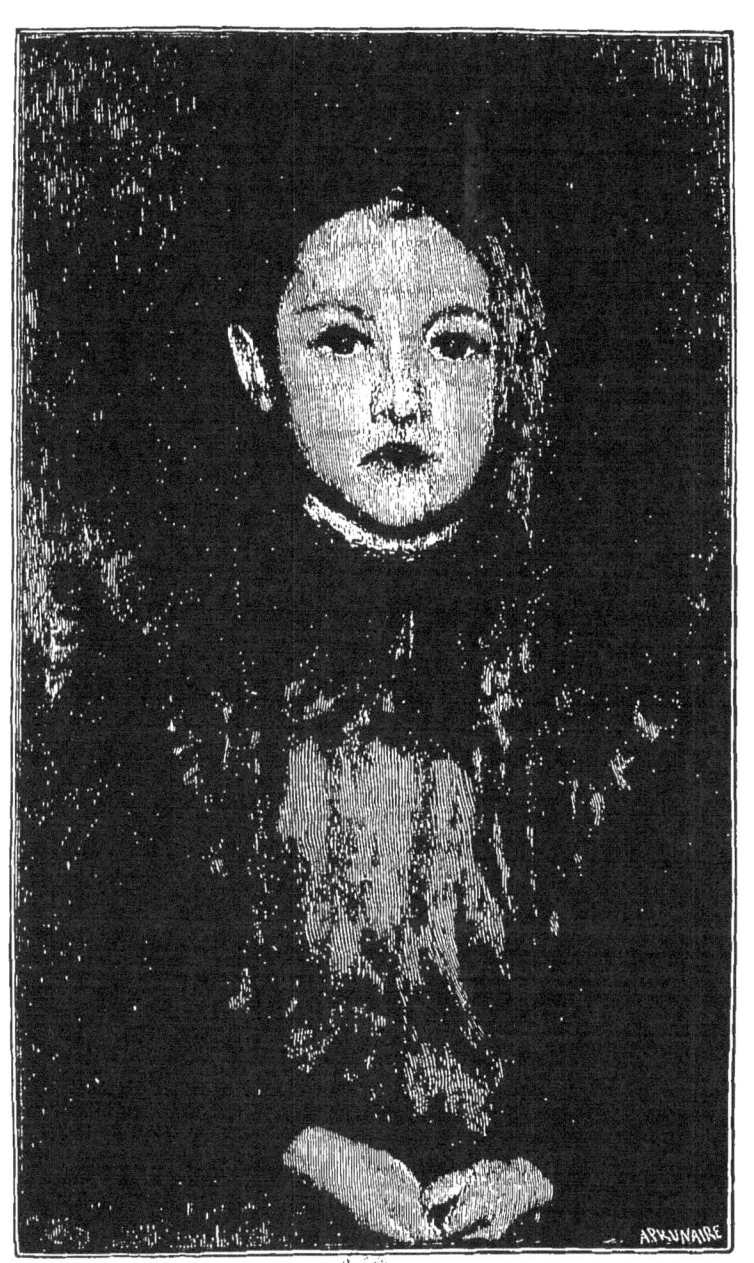

s'étaient connus à Paris pendant leurs années d'études, puis ensuite établis tous les deux à Londres, s'ils n'avaient noué de véritable amitié, ils avaient entretenu des relations cordiales. Mais il faut avoir fréquenté les artistes, pour savoir quels sentiments amers cachent souvent entre eux les apparences de la camaraderie. Il y a surtout l'envie que cause à tous, celui qui d'abord a pu être méconnu et qui ensuite s'élève en véritable supériorité de talent et d'invention, par-dessus les autres. La réelle suprématie! c'est là ce que certains ne peuvent jamais accepter ou pardonner.

Du Maurier et Whistler s'étaient rencontrés tout jeunes sur le pied d'égalité. Puis Du Maurier était resté en arrière, pendant que Whistler s'élevait au premier rang dans les arts de la peinture et de l'eau-forte, lui demeurait un dessinateur de second ordre dans l'art inférieur de l'illustration. Ensuite Whistler, au cours du long combat soutenu contre les artistes à la mode en Angleterre, quoiqu'il n'eût jamais nommé Du Maurier, l'avait en quelque sorte implicitement rangé parmi ceux qu'il traitait de simples producteurs d'ordre inférieur. Enfin Du Maurier dont tout le succès venait de ses dessins du *Punch*, y avait un rival, Charles Keene. Il était le préféré du public, mais les vrais artistes, et en particulier Whistler, mettaient Keene fort au-dessus de lui. Cette grande place comme artiste que Whistler s'était faite, le mépris qu'il n'avait cessé de montrer pour cet art banal dont Du Maurier était un des représentants, la préférence accordée à Keene, avaient fait naître chez Du Maurier des sentiments de rancune, auxquels la publication de ses souvenirs dans *Trilby*, lui permettait de donner cours.

Whistler ressentit vivement l'attaque dont il était l'objet et, dans la presse anglaise, jeta feu et flamme. Du Maurier ne présenta que des explications ambiguës, sans chercher à se disculper au fond, ce qui montrait bien de quels réels sentiments il était animé. Mais si Whistler n'obtenait aucune satisfaction de l'écrivain, il en était autrement des éditeurs. Ceux-ci s'étaient mis dans un mauvais cas. Ils avaient, eux Américains, dans un magazine américain, laissé vilipender le plus grand artiste qu'eussent les États-Unis. Whistler avait maintenant recueilli, auprès de ses compatriotes, la reconnaissance de son talent et était devenu un homme à ménager. Les éditeurs Harper and brothers lui accordèrent donc toute la réparation qu'il demanda. Ils lui écrivirent une lettre d'excuses rendue publique. Ils y faisaient connaître que la vente du numéro du magazine incriminé était arrêtée. Ils déclaraient en outre que s'ils eussent pu se douter qu'il fût désigné dans le texte publié, ils l'eussent amendé de manière à en enlever toute la partie le concernant, qu'ils supprimeraient d'ailleurs du volume à paraître. Le roman de *Trilby* a ainsi été expurgé à sa publication sous forme définitive et Joe Sibley ne s'y trouve plus.

Whistler eut après cela à soutenir un procès que lui intenta Sir William Eden, à l'occasion d'un portrait de Lady Eden qu'il avait peint et qu'à la suite d'une rupture survenue, il se refusait à livrer.

Sir William Eden était un baronnet anglais de vieille souche. Sa femme, répandue dans la société à Londres, y brillait comme belle personne. Il en était fier et après l'avoir fait peindre par divers artistes, il voulut encore posséder son portrait par Whistler. Il s'adressa, pour connaître les conditions auxquelles celui-ci lui ferait une tête ou un buste de sa femme, au représentant de la maison Boussod Valadon à Londres, qui lui dit que le prix demandé pourrait s'élever à quatre ou cinq cents guinées. Le baronnet trouvant cette somme excessive, eut recours au romancier George Moore, qui s'entremit en qualité d'ami commun. Dans ces circonstances, Whistler consentit à un prix de faveur. Les conditions ne furent pas nettement établies, et c'est de là que plus tard devaient venir les difficultés, mais comme il s'agissait d'un accord entre personnes se confiant les unes aux autres, il fut seulement dit que Whistler ferait un petit portrait, laissé à son jugement comme arrangement et dimension, pour un prix de cent à cent cinquante guinées.

Lady Eden commença à poser, à Paris, dans l'atelier de Whistler, le 9 janvier 1894. Le portrait était terminé, sauf quelques dernières touches à lui donner, lorsque Sir William Eden, le 14 février, c'est-à-dire le jour de la Saint-Valentin, vint à l'atelier exprimer à Whistler sa satisfaction et, lui tendant une lettre cachetée, lui dit : « Je vous remets votre Valentine. « Vous l'ouvrirez quand je serai parti. » Il faut savoir que la coutume en Angleterre, le jour de la Saint-Valentin, est d'envoyer, sous le couvert de lettres, des images, des souvenirs, des cadeaux même de prix. C'est là une gracieuseté, un acte de bienveillance entre amis ou gens qui se connaissent. Lorsque Sir William Eden se fut retiré, Whistler ouvrit la Valentine. Il y trouva un chèque de cent guinées en paiement du portrait de Lady Eden. Il eut un moment de désagréable surprise. Il avait fait sur l'intervention d'un ami, à un prix de faveur, un portrait caressé et poussé à un haut point de réussite ; tel qu'il était, il eût pu le vendre comme tableau, pour une somme supérieure aux cent ou cent cinquante guinées prévues. Et tout à coup, le destinataire prenait sur lui d'établir le prix définitif, le fixait arbitrairement au minimum dont il avait été question et en accomplissant cet acte certainement mesquin, prétendait cependant agir avec gracieuseté, par la remise de la somme sous forme de Valentine.

Whistler écrivit immédiatement au baronnet une lettre ironique, pour lui accuser réception de sa Valentine. Il lui déclarait qu' « il le trouvait réellement magnifique, qu'il l'avait emporté sur toute la ligne ». Celui-ci revint demander à Whistler de s'expliquer, se déclarant choqué du ton de sa lettre. Il offrit d'ajouter les cinquante guinées du prix maximum dont on avait parlé, aux cent déjà remises. Mais Whisler ne voulut accepter ou donner aucune explication. Il reçut le visiteur à la porte de son atelier, sans même le laisser entrer, se bornant à répéter : « Vous êtes réellement magnifique », et lorsqu'ils se séparèrent, ils s'étaient froissés de manière à ne plus se revoir.

Whistler, pris à l'improviste par la réception de cent guinées sous forme de Valentine et par le procédé inattendu d'un homme du monde considéré comme un ami, ne sut décider sur l'heure de la conduite à tenir, surtout il ne sut prévoir un procès devant les tribunaux. Par conséquent il ne pensa point à se réserver. Il remit le chèque reçu à son banquier et de plus envoya le portrait de Lady Eden à l'exposition du Champ-de-Mars de cette année 1894, où il figura sous le titre de *Portrait de Lady E... Brun et or*. On va voir, quand un procès sera engagé, comment on tirera parti contre lui de ces deux actes.

Loin que Whistler oubliât la remise insolite de la Valentine, son ressentiment ne fit que grandir. Il crut décidément voir que le baronnet, depuis le moment où il avait fait intervenir un ami pour s'assurer un portrait, n'avait eu d'autre idée que de l'obtenir au plus bas prix possible, au-dessous de sa valeur, et que toutes ses protestations de gratitude et d'admiration n'avaient tendu qu'à ce but intéressé. Il se résolut donc à rendre les cent guinées reçues et à garder le portrait, en effaçant la tête de Lady Eden, mais en conservant le corps et l'arrangement des couleurs, pour les utiliser avec un autre original. Telle fut la décision que son représentant communiqua à Sir William Eden, sur ses demandes réitérées de recevoir livraison du portrait. Celui-ci, repoussé, intenta un procès pour obtenir l'objet disputé. Il fut plaidé le 27 février 1895 à la 6e chambre du tribunal civil, sous la présidence de M. Toutée.

Les avocats des parties firent un long exposé des circonstances de la cause, ils se contredisaient naturellement sur l'ensemble et les détails. Dans ces conditions, les juges ne paraissent pas s'être inquiétés de tirer réellement au clair les mobiles d'action sous lesquels les adversaires avaient agi. Ils ne virent dans l'affaire qu'un contract intervenu entre le producteur d'un certain objet, un tableau, et un acheteur. Et se basant sur ce que Whistler avait reçu et remis à son banquier le chèque de cent guinées — ce qui à leurs yeux constituait acceptation définitive du prix — ils déclaraient que le portrait, à partir de ce moment, avait cessé d'appartenir au peintre vendeur pour devenir la chose du baronnet acheteur, que le peintre n'avait donc plus aucun droit d'y toucher, de le remanier ou d'en effacer les traits de Lady Eden, surtout après l'avoir lui-même tacitement reconnu comme achevé, en l'envoyant à l'exposition du Champ-de-Mars. Le tribunal condamnait donc Whistler, d'abord à rembourser à Sir William Eden les cent guinées reçues, puis à lui livrer le portrait dans l'état où il se trouvait, la tête effacée, et enfin, par surcroît, à lui payer mille francs de dommages et intérêts, pour les dépenses faites par sa femme, en venant inutilement séjourner à Paris.

Whistler fit appel de ce jugement. Devant la Cour, son avocat, Me Beurdeley, précisa le débat. Il acceptait cette partie du jugement qui obligeait à rembourser les cent guinées, puisque son client avait pris lui-même l'initiative de les mettre à la disposition du baronnet; il reconnaissait même qu'une indemnité pouvait être due à Lady Eden, qu'on aurait inutilement fait venir poser à Paris, mais ensuite il s'attachait à établir le droit de son client comme artiste, de décider s'il livrerait ou non le portrait et par conséquent le bien fondé de sa conduite

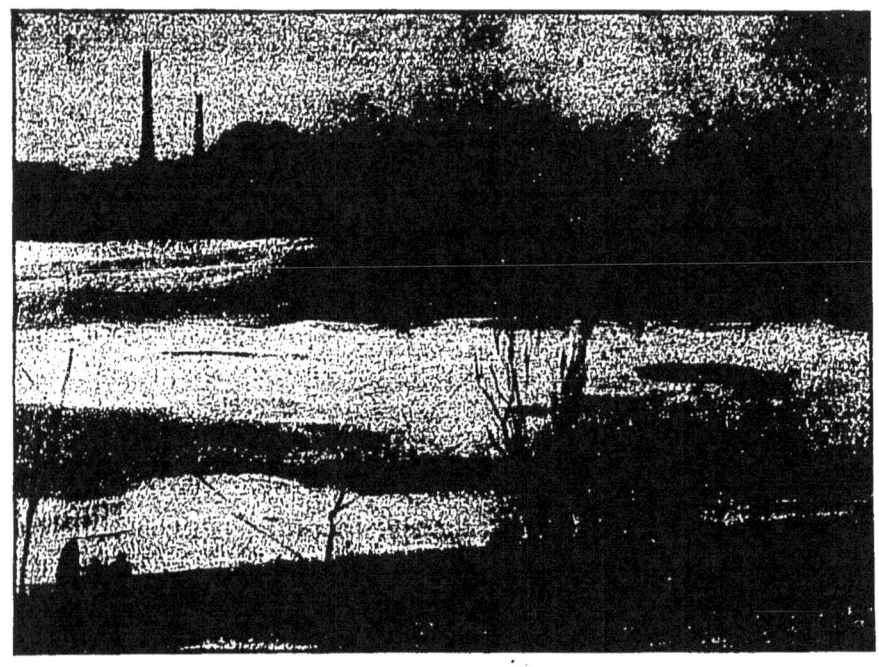

Chelsea sous la glace.

en ayant refusé, dans les circonstances survenues, de le livrer. Me Beurdeley montrait qu'une œuvre d'art, telle qu'un portrait par un grand artiste, ne pouvait être assimilée à un produit de pur métier. Par la nature des choses, la qualité de beauté, le mérite de structure, la perfection de forme qui doivent s'ajouter dans un objet à la partie d'exécution purement matérielle, pour constituer l'œuvre d'art, sont de nature exceptionnelle et de réussite incertaine. Par conséquent l'artiste doit pouvoir rester juge, jusqu'au dernier moment, de la question de savoir s'il les a obtenus et si l'objet produit lui convient assez, pour lui permettre de le livrer. Une œuvre à exécuter par un artiste ne saurait donc donner lieu à un contract de vente ferme. Il ne peut y avoir entre artiste et amateur qu'un engagement d'un autre ordre, qu'une *promesse de faire* qui, au cas où l'artiste manquerait de la réaliser, doit se résoudre de sa part en dommages et intérêts. Mᵉ Beurdeley demandait donc que cette partie du jugement qui condamnait Whistler à livrer le portrait fût cassée.

La Cour, présidée par le premier président Périvier, ordonna, comme le tribunal l'avait fait et comme Whistler y avait toujours consenti, que les cent guinées seraient rendues à Sir William Eden, qu'en outre il toucherait mille francs de dommages et intérêts, pour l'inutile dépense et perte de temps de Lady Eden. Puis, se rendant aux raisons que Mᵉ Beurdeley avait fait valoir et adoptant ses conclusions, elle cassait le jugement du tribunal sur le point de la livraison du portrait. Elle décidait que Whistler en resterait possesseur, sauf à en changer la nature et à en effacer les traits of Lady Eden.

L'arrêt de la Cour réformant le jugement des premiers juges, donna satisfaction à Whistler. Il conservait le tableau qu'il s'était refusé à livrer et il avait fait décider qu'entre un artiste et un amateur, pour une œuvre à exécuter, il ne saurait y avoir con-

LA PETITE LADY SOPHIE DE SOHO
Rose et or. Collection de M. Charles Freer
Bois de Henry Wolf, New-York

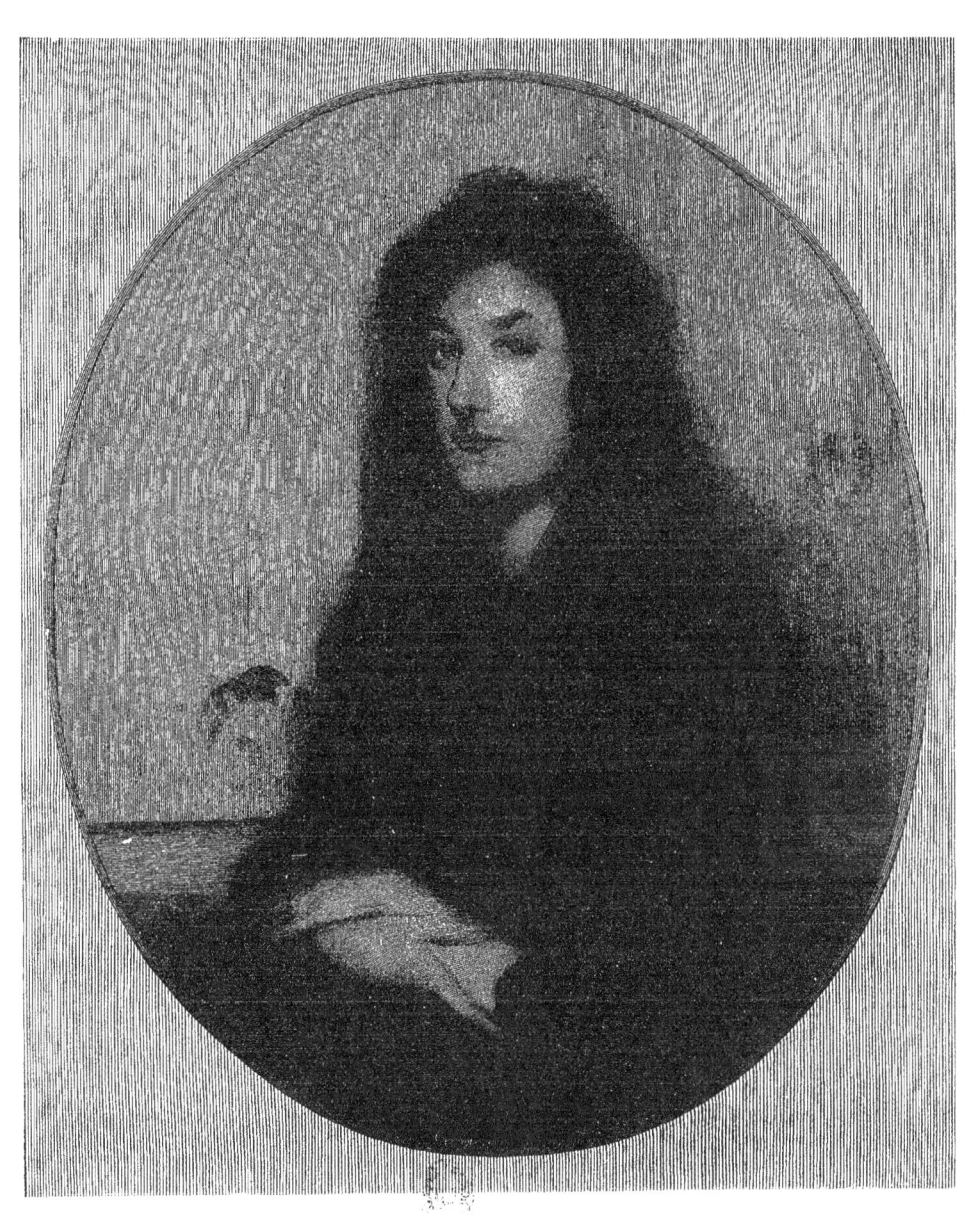

tract de vente ordinaire, mais un engagement d'ordre particulier, une *promesse de faire*, laissant l'artiste libre jusqu'au dernier moment de retenir ou de livrer l'objet. Whistler qui, à l'occasion de son procès avec Ruskin, avait déjà publié une brochure, à l'issue de ce second procès, en faisait paraître une nouvelle, pour constater son succès, sous le titre : *The Baronnet and the Butterfly* (Le Baronnet et le Papillon). Il y montrait comment l'arrêt de la Cour, en établissant les droits prolongés de l'artiste sur ses œuvres, sauvegardait sa dignité et reconnaissait le caractère noble de l'art.

Le procès avec Sir William Eden fut le dernier épisode de la longue bataille que Whistler avait eue à soutenir, avant de voir son art pleinement accepté. Il s'y était montré doué de cet esprit excitable, qui ne fait rien pour éviter les rencontres et même finit par s'y accoutumer et y prendre plaisir. Il n'est pas étonnant qu'un homme ainsi organisé, aux prises avec ses adversaires, ait eu à subir toutes sortes d'injures et d'accusations. Dans ces circonstances on pourrait, si on voulait fixer son caractère d'après les écrits passagers, faire de lui un portrait peu flatteur et lui trouver tous les défauts. Mais on doit se comporter avec lui comme on le ferait avec tout homme de combat, avec un homme politique par exemple, exposé dans ses luttes à être fort maltraité. Or, en dégageant le caractère d'un homme politique, on dédaigne les critiques courantes dont il a été l'objet pour le juger, en fin de compte, d'après quelque grand acte de sa carrière et les traits saillants de sa conduite.

En appliquant ces principes à Whistler, on reconnaît que sa longue bataille, avec les actions de détail si multipliées, a été engagée par un motif des plus légitimes, la défense de son art, puis pour arriver à lui faire une place, à le faire accepter, à le faire triompher. Et quand on constate de quelle nature étaient les accusations et les attaques subies, on ne s'étonne plus de l'âpreté qu'il a pu apporter à la lutte et des invectives et contre-accusations qu'il a pu jeter à la tête de ses adversaires. Car le jugement contre lequel il a eu à se défendre, ne portait pas seulement sur son plus ou moins de talent, il n'allait à rien moins qu'à nier son honorabilité comme artiste. Mystificateur ! charlatan ! ne produisant que des choses imparfaites et des esquisses, telle a été longtemps en Angleterre l'opinion courante à son égard. L'animosité mise à le poursuivre était si grande, qu'on a porté l'attaque contre lui sur le terrain commercial, qu'on a déclaré publiquement que ses œuvres n'avaient aucune valeur vénale, qu'on est parvenu ainsi à le ruiner, qu'on l'a condamné à passer une partie de sa vie dans la gêne et les difficultés pécuniaires.

Maintenant qu'avec le recul du temps, on regarde son œuvre peinte, on se demande comment on ne l'a pas tout de suite reconnue pour ce qu'elle était, la production naturelle d'un homme naturellement original. Car les traits imprévus, le caractère *sui generis* quand ils apparaissent, sont, en eux-mêmes, les signes irrécusables de l'originalité vraie. La réelle dissemblance d'avec les autres ne peut avoir rien d'artificiel, l'allure d'exception est donnée par la nature et aucun effort ne peut la procurer à qui d'abord ne l'apporte avec soi. Il ne saurait donc exister ici de mystification ou d'imposture. Combien se torturent, se contournent, pour produire des œuvres qui pourraient attirer les regards comme originales et n'arrivent qu'à ajouter le ridicule à la platitude ! Combien qui consentiraient à être traités de mystificateurs, d'imposteurs, à condition qu'on pût distinguer leurs œuvres sur la moyenne courante et qui, quoi qu'ils tentent, ne peuvent l'obtenir !

La véritable originalité se manifeste donc comme un heurt. Alors, tout à coup, dans un milieu d'une certaine manière, surgit quelque chose de réellement différent, de dissemblable. Whisler, doué d'un tempérament particulier, d'une vision spéciale, produisait ses harmonies, ses symphonies, ses nocturnes pour se satisfaire d'abord lui-même ; quand ensuite il les montrait, l'on avait sous les yeux des œuvres d'une absolue sincérité, d'une parfaite bonne foi. Tout ce que les écrivains, à commencer par Ruskin, tout ce que les critiques, le public cultivé et la foule prétendaient trouver chez lui de charlatanisme et d'imposture, n'était qu'une nouvelle manifestation de la difficulté que les hommes éprouvent à reconnaître la véritable originalité dans n'importe quel ordre, mais surtout dans celui de la peinture. Schopenhauer a classé les artistes et les hommes d'intelligence d'après la peine qu'ils avaient à se faire apprécier. Il a mis comme les plus aisément compris et jugés selon leur mérite, les danseurs, les acteurs, dans une position intermédiaire les poètes, tout à fait à la fin les philosophes et immédiatement avant eux les peintres. Cette classification doit être tenue pour exacte, au moins en ce qui concerne les peintres, et le cas

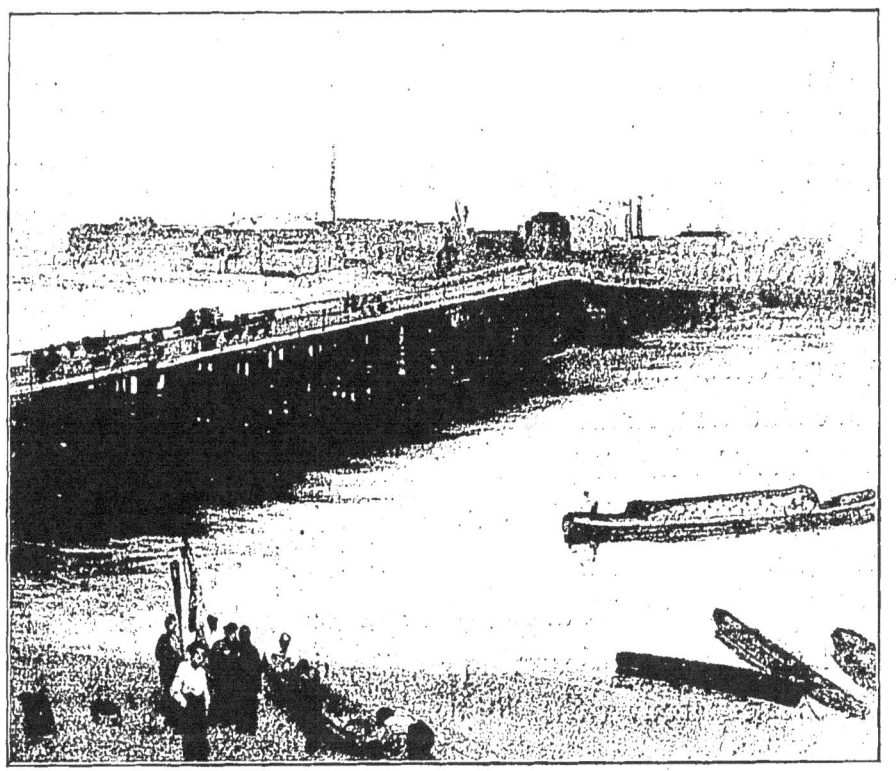

Le vieux pont de Battersea.

de Whistler pourrait servir, s'il en était besoin, de nouvel exemple à l'appui.

Whistler, après la mort de sa femme en 1896, continua assez longtemps à habiter Paris. Puis l'âge et la fatigue venant, il retourna vivre à Londres, où sa belle-mère, Mme Birnie-Philip et ses belles-sœurs, Mme Whibley et Miss Birnie-Philip lui constituaient une famille et pouvaient l'entourer de soins. Il prit une maison à Cheyne-Walk, Chelsea, sur le lieu où il avait d'abord résidé en même temps que Carlyle et que Rossetti. Cheyne-Walk avait bien changé depuis l'époque où il y était

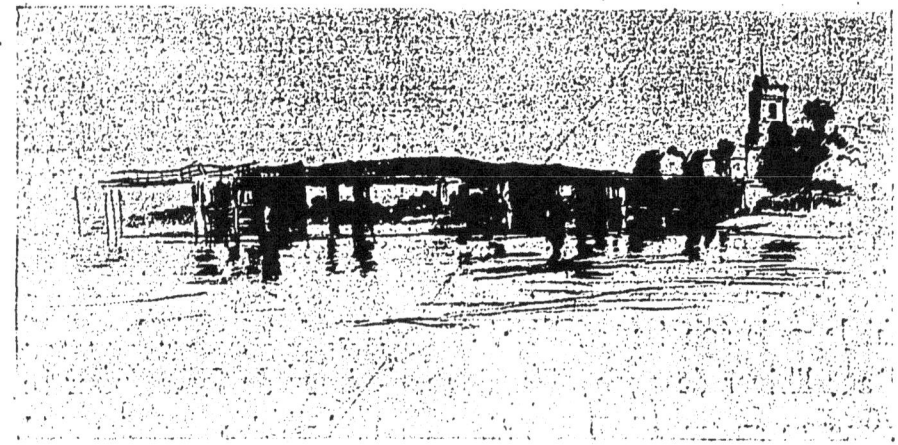

Chelsea.

venu une première fois. Le pittoresque et l'aspect retiré ne s'y trouvaient plus. Le vieux pont de Battersea si curieux avec ses poteaux de bois, avait été remplacé par un pont en fer. Un quai avec une large chaussée avait mangé sur l'espace planté et couvert de gazon, qui s'était auparavant étendu jusqu'à toucher la Tamise. De hautes maisons neuves uniformes avaient en partie pris la place des petites maisons différentes les unes des autres d'autrefois. Seule l'église avec son clocher carré restait comme une marque du vieux temps. Whistler, en revenant à Cheyne-Walk, ne pouvait donc avoir l'intention d'ajouter de nouvelles œuvres à celles que les anciens aspects lui avaient suggérées. Le choix du lieu comme résidence lui avait été surtout dicté par l'existence, au n° 74, d'une maison avec un atelier suffisamment vaste pour lui permettre d'y travailler à l'aise.

Au mois de juillet 1902, il voulut revisiter la Hollande et il partit, en compagnie d'un ami, un compatriote américain, M. Charles Freer. Il fut pris, en arrivant à Flessingue, d'un affaiblissement de la fonction du cœur, qui mit tout de suite sa vie en danger. M. Freer put le conduire à La Haye, où les meilleurs médecins et ses belles-sœurs accourues, lui prodiguèrent leurs soins. Il resta assez longtemps extrêmement faible, puis son état amélioré, lui permit de regagner Londres. Dans l'hiver de 1903, il avait repris assez de forces pour se remettre au travail. Il put ainsi poursuivre des portraits qu'il avait en train et exécuter quelques œuvres nouvelles, des têtes et bustes de jeunes filles.

Mais l'affaiblissement du cœur, résultat des fatigues et de l'usure amenée par l'âge, restait un mal chronique. En effet, une rechute en juin 1903, le fit retomber dans cette prostration où il s'était trouvé en Hollande, avec cette aggravation qu'une seconde crise le voyait moins apte à résister. Il se remit cependant relativement vers le 15 juillet et ses amis purent croire que la mort reculait de nouveau. Le vendredi 17 juillet il se sentait assez bien, il avait causé de bonne humeur à son luncheon, lorsque subitement, vers trois heures de l'après-midi, il fut pris d'une syncope et d'une perte de connaissance. Il expira comme sans souffrance. Le cœur avait brusquement cessé de battre.

Le service funèbre, du rite anglican, se fit dans cette vieille église de Chelsea qu'il s'était si souvent plu à représenter et il fut inhumé au cimetière de Chiswick, à côté de sa femme et non loin de la tombe où Hogarth repose.

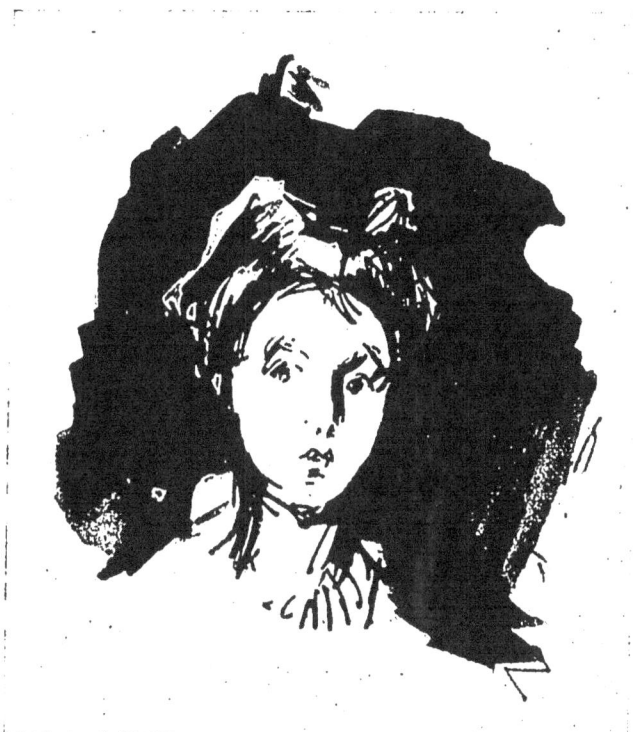

REMERCIMENTS

Je dois un grand nombre des pièces qui m'ont servi à illustrer ce livre à la bienveillance de personnes auxquelles je ne saurais manquer de témoigner ma gratitude.

Je remercierai ainsi particulièrement : M. Charles Ephrussi, qui m'a accordé l'insertion des deux gravures de H. Guérard parues dans la *Gazette des Beaux-Arts*, le *Portrait de ma mère* et le *Portrait du comte de Montesquiou* ; M. Avery, de New-York, qui m'a obtenu un cliché de la *Fille blanche* du *Scribner's magazine* ; M. Croal Thomson, par l'intermédiaire de qui l'*Art journal* de Londres a bien voulu me remettre plusieurs de ses clichés d'œuvres de Whistler, tels que les portraits de *Miss Alexander*, de *Lady Archibald Campbell*, le *Contrevent de la chambre du paon*, la *Petite boutique* ; MM. Dowdeswell qui m'ont permis de reproduire des vues de Venise, éditées par eux; enfin l'éditeur de *Vanity Fair*, qui m'a autorisé à donner le portrait-charge de Whistler par Leslie Ward.

Je dois encore des remerciments tout particuliers à M. Boldini, qui m'a aimablement laissé reproduire son portrait de Whistler et à M. Charles Freer de Détroit qui, dans sa bienveillance, a fait graver, pour le livre, *La petite Lady Sophie de Soho* de sa collection, par l'excellent graveur Wolf de New-York.

Je témoignerai aussi ma gratitude à M. W.-C. Alexander, qui m'a donné à reproduire les dessins originaux de Whistler lui appartenant, à M. George Lucas dont la nombreuse collection d'eaux-fortes, de lithographies et de photographies a été tout le temps sous ma main, et enfin à MM. Fantin-Latour et Drouet, qui ont mis à ma disposition les lettres, dessins et eaux-fortes de Whistler qu'ils possédaient.

Dans le même esprit, j'aime à me dire en outre obligé, pour les matériaux qu'ils ont bien voulu me fournir, à Mme Edmund Davis et à MM. Max Linde, Bloor, Graves, Thomas R. Way, Deprez, Roger Marx, Moreau-Nélaton, Gallimard, Goldschmidt, Beurdeley, Hœntschel, Durand-Ruel et Bernheim.

LE LIEU ET LA DATE DE NAISSANCE DE WHISTLER

Lorsqu'en avril 1881, je publiai une première étude sur Whistler dans la *Gazette des Beaux-Arts*, je crus devoir y donner le lieu de sa naissance. Je pensai ne pouvoir mieux faire que de m'adresser à lui et, sur son dire, je mis qu'il était né à Baltimore. Je ne pus d'ailleurs obtenir aucune date. Je restai après cela longtemps convaincu qu'il était né à Baltimore, puisqu'il me l'avait déclaré, et plusieurs écrivains et critiques ont répété, se fondant sur mon témoignage, qu'il était né dans cette ville. Cependant je finis par apprendre, à ma confusion, qu'il n'y était point du tout né et qu'après avoir moi-même, sans le savoir, fait erreur, j'avais causé l'erreur d'autrui. Je reprochais à Whistler de m'avoir ainsi dérouté, mais, quoique à maintes reprises, je sois revenu sur ce sujet, cherchant toujours à obtenir de lui une déclaration exacte, je n'ai jamais pu en rien tirer et il a toujours esquivé une réponse précise, par le rire et la plaisanterie.

Après m'être longtemps demandé quelle raison il pouvait avoir de chercher ainsi à dissimuler son âge et son lieu de naissance, je suis arrivé à croire que s'il se conduisait comme il le faisait, c'est qu'en définitive, il ne devait connaître ni l'un ni l'autre. A l'époque où il voyait le jour en Amérique, il paraît qu'on n'y tenait point partout de registres réguliers d'état civil. Les naissances n'étaient point officiellement enregistrées, c'était généralement dans une bible, que chaque famille inscrivait les naissances, mariages et décès de ses membres. On peut concevoir, d'après cela, que Whistler n'ait jamais bien su ses lieu et date de naissance. Il quitte l'Amérique tout enfant, pour aller vivre à Saint-Pétersbourg où il perd son père, revenu en Amérique, il n'y passe que quelques années, la quitte de nouveau définitivement, pour venir en succession habiter Paris et Londres, et on comprend très bien que, dans sa vie de jeunesse errante, il n'ait jamais eu en main ou ait perdu de vue de bonne heure, la bible ou tout autre document de famille où était consignée sa naissance. Le fait s'imagine d'autant mieux qu'il avait une sorte d'horreur des dates; il ne s'inquiétait d'aucune chronologie, ses lettres n'étaient presque jamais datées, les catalogues de ses expositions non plus, et le temps s'écoulait, sans qu'il cherchât à revenir sur le passé, pour assigner aux années particulières qui les avaient vu se produire, les événements divers de sa vie.

Je n'ai donc pu obtenir de lui de réelle déclaration sur son âge et lieu de naissance. Cependant un biographe qui manquerait de donner cette sorte de renseignement sur un homme dont il s'occupe, serait comme déshonoré. Je ne sais pas bien pourquoi la date exacte et le lieu précis de naissance d'un homme sont choses essentielles à savoir, mais il en est ainsi et on a remué des montagnes, pour arriver à découvrir où et quand certains hommes étaient nés. Sans parler d'exemples fameux, comme ceux d'Homère et d'Erasme, auxquels des villes nombreuses se sont disputé l'honneur d'avoir servi de berceau, on a vu des érudits faire les recherches les plus rebutantes, pour préciser le lieu et la date de naissance de certains artistes hollandais et flamands, que les contemporains n'avaient nullement cherché à établir.

Je ne pouvais donc penser, sans me rendre méprisable aux yeux de mes lecteurs, à donner un livre sur Whistler, qui n'apprendrait son âge. Puisqu'il m'avait au début induit en erreur et que je n'étais jamais parvenu ensuite à en obtenir de renseignements, il fallait s'adresser ailleurs. Son lieu probable de naissance Lowell, Massachusetts, venant enfin à être connu, j'obtins, par l'entremise des vieux amis américains de Whistler, MM. Lucas et Avery, une lettre du recteur de l'église Sainte-Anne de cette ville, disant que, selon les registres de l'église, il y avait été baptisé le 9 novembre 1834, mais le recteur ne donnait aucune date de naissance, les registres n'en portant point.

M. Bloor de New-York, architecte et amateur de choses d'art, ami de M. Avery, sollicité par lui de faire des recherches, devait mettre la main sur un document donnant indirectement la date de la naissance. M. Bloor passait l'été en villégiature à Stonington, une petite ville du Connecticut. Stonington, en 1837 et années suivantes, a servi de résidence au major Whistler, alors qu'en qualité d'ingénieur, il dirigeait la construction de chemins de fer dans cette partie des États-Unis, et Whistler tout jeune enfant se trouve y avoir lui-même résidé. M. Bloor fit la connaissance à Stonington de deux petites-cousines des Whistler, qui n'avaient jamais cessé d'y habiter, dont l'une était la femme du plus vieux médecin de la ville. Ces dames

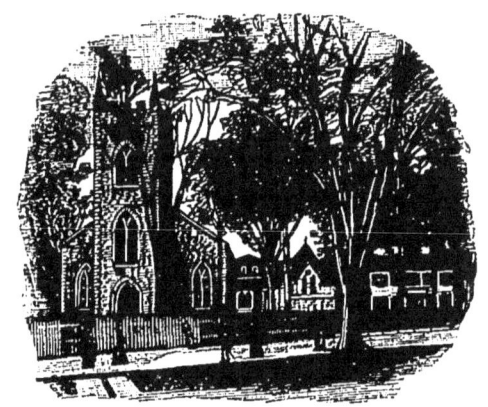

Église Sainte-Anne à Lowell (vignette américaine).

possédaient de nombreux papiers, portraits, documents, venus du major et de Mme Whistler et, entre autres, un journal tenu régulièrement par Mme Whistler, pendant son séjour à Saint-Pétersbourg. M. Bloor auquel ce journal fut communiqué, y a relevé, à la date du 10 juillet 1844, ce qui suit : « Un poème « choisi pas mon chéri Jamie et mis sous mon assiette au « déjeuner, comme une surprise, à l'occasion *du dixième anni-* « *versaire de sa naissance*, etc. »

Cette déclaration semble décisive. Elle établit, en l'absence de document absolument officiel, que Whistler est né le 10 juillet 1834 et quoique Lowell ne soit mentionné nulle part comme son lieu de naissance, on doit tenir pour presque certain que c'est là qu'il a vu le jour, quatre mois avant d'y être baptisé.

WHISTLER ET VELASQUEZ

On a voulu reconnaître chez Whistler une part d'emprunt directe faite à Velasquez. Cette sorte de jugement se trouve formulée, par exemple, de la façon la plus précise dans le catalogue officiel de la Collection Wilstach, à Philadelphie, où, à l'article Whistler, l'éditeur M. Carol H. Beck dit : « Whistler a étudié l'art du Japon et celui de Velasquez et a « su s'assimiler avec succès, leurs grands principes. » Il y a, dans ce jugement, exagération en ce qui concerne ce que Whistler a réellement pris à l'art du Japon, et erreur en ce qui concerne Velasquez, auquel il n'a en réalité rien pris.

Il est évident que quand Whistler a introduit dans sa nomenclature, les termes Arrangements, Harmonies et Nocturnes, ils lui ont été suggérés, en partie, par le système décoratif du Japon. On doit donc, tout en trouvant trop fortes les expressions « qu'il a étudié pour se les assimiler les grands principes de l'art du Japon », reconnaître qu'il s'en est approprié le système de coloris, mais il en est autrement en ce qui concerne Velasquez. Si on étudie Whistler dans son développement, on ne trouve point qu'à aucun moment il ait réellement pris à Velasquez. Pour prendre à un ancien peintre, il faut au moins pouvoir étudier ses principales œuvres. Or Whistler élève, n'avait à Paris que bien peu de choses de Velasquez, au Louvre, et tout aussi peu, à Londres, à la National Gallery, et pendant ses années d'active production, il ne s'est point suffisamment senti attiré par les œuvres du maître, pour aller voir les décisives à Madrid.

Toujours est-il que, dans les œuvres de début de Whistler, on ne découvre aucune trace d'emprunt fait à Velasquez. Dans l'*Ecran doré*, la *Princesse du pays de la porcelaine*, le *Balcon*, on sent l'influence directe du Japon. Dans la *Petite fille blanche*, la *Symphonie en blanc n° 3*, la *Décoration de la chambre du Paon*, la même influence atténuée ou voilée est toujours visible, mais non point encore celle de Velasquez. Ce ne serait ainsi qu'avec les portraits de sa mère, de Carlyle, de Miss Alexander, que l'on pourrait la voir apparaître. Ce serait donc à l'âge de trente-huit ans, alors qu'il peignait depuis plus de dix ans, qu'il se serait mis tout à coup à emprunter à l'Espagnol.

Il est vrai qu'à ce moment, se montre très développée dans les œuvres de Whistler, ce qui ne s'y était encore trouvé qu'en germe, « l'enveloppe », cette sorte de voile, de buée fantastique, cette atmosphère particulière, qui a fait dire à ses détracteurs que sa peinture était entourée de brouillard. Cette enveloppe visible dans les portraits de sa mère et de Carlyle, prend toute sa plénitude dans les nocturnes. Elle ne sera plus maintenant absente de ses œuvres, elle ira en quelque sorte en s'accentuant, tellement que les derniers tableaux, par exemple le portrait de Mme Whibley et le sien de l'Exposition universelle de 1900, pourront faire dire à ceux qui persistent à le méconnaître, que sa peinture a fini par devenir ténébreuse. Mais cette enveloppe particulière ne lui est pas venue d'un emprunt fait à Velasquez ou à tout autre, car elle est due au tempérament même de l'homme dans ce qu'il a de plus intime, elle découle de son organisation physiologique, elle est le côté tout à fait « whistlérien » de son œuvre.

Whistler a du reste repoussé justement l'emprunt fait à Velasquez, que l'on prétendait découvrir chez lui, par un mot qu'on a si mal compris. Comme une personne se confondait en louanges, le comparait tout le temps à Velasquez et trouvait introduites dans ses œuvres ces particularités qu'il admirait chez l'Espagnol, Whistler l'interrompit en disant : « *Why drag in Velasquez?* » (Pourquoi amener ici Velasquez?) On voulu voir dans cette exclamation l'orgueil de Whistler, ne permettant point que, devant lui, on louât qui que ce soit, et ne reconnaissant pas même d'égal en Velasquez, ce qui est en faire un personnage ridicule. Quand il s'écriait *Why drag in Velasquez?* il voulait dire : Qu'est-ce que Velasquez a à faire ici ? Je ne l'ai point imité. Mes qualités, ce que vous prétendez louer dans mes œuvres, sont bien à moi, elles n'ont pas besoin d'être assimilées à celles d'un autre, elles ne leur doivent rien. Et en disant cela, il disait la vérité.

Son mot *Why drag in Velasquez?* était donc juste et aussi, dans le livre que j'ai écrit, n'ai-je introduit Velasquez que pour dire que Whistler lui témoignait la plus grande admiration, qu'il en faisait un dieu et le vantait en toutes circonstances. En effet, s'il ne lui avait en réalité rien pris, pour l'introduire comme élément dans son art, il n'en est pas moins vrai que, dans ses luttes et polémiques, il s'appuyait sur lui et le donnait comme exemple. Whistler, si longtemps méconnu, traité de charlatan, de mystificateur, accusé de ne produire que des esquisses, avait besoin, dans le combat qu'il soutenait, d'en appeler à quelque grand devancier. Or Velasquez, par son faire large et sa manière fondue, était de tous celui qui pouvait le mieux lui fournir une justification. Car, par certains côtés, il est vrai que l'art de Whistler laisse voir des rapports avec celui de Velasquez.

Il est de ces affinités qui surviennent d'elles-mêmes et sans fait d'imitation entre artistes d'époques et de pays différents, qui établissent entre eux comme une sorte de parenté, et il y a parenté, si l'on veut, pour une part, entre Whistler et Velasquez. L'enveloppe, les tons gris, la transparence voilée qui sont comme l'accompagnement de la production peinte de Whistler, ont quelque chose de correspondant dans les *Meninas*, l'*Infante Marguerite* et autres œuvres grises et assoupies de Velasquez, mais, avec les œuvres violentes, en pleine lumière, les *Lances*, le *Portrait de Jules II*, la correspondance n'existe plus. Aussi Whistler, dans ses louanges répétées de Velasquez, ne vantait-il jamais que les *Meninas* et autres tableaux de cette gamme. Je ne lui ai jamais entendu parler des *Lances*.

Laissant donc Velasquez, pour bien comprendre les origines de Whistler, il faut voir, dans l'*Hommage à Delacroix* où Fantin-Latour l'a introduit, quels ont été ses compagnons à ses débuts, à Paris. On le trouve là en société avec Manet, Legros, Fantin, Bracquemont, peintres et graveurs, avec Baudelaire et Champfleury, écrivains. Il fait partie d'un groupe dont les membres se sont développés, chacun en suivant sa voie propre, mais tous d'après un fond de principes communs. Chez tous ces hommes existait un même esprit d'indépendance, qui leur faisait repousser la tradition, les portait vers une même observation directe de la nature, les conduisait à rechercher, pour rendre leurs conceptions et leurs visions, des formes libres et personnelles. C'est dans ce milieu que Whistler s'est d'abord pénétré de l'esthétique qu'il devait ensuite cultiver, en lui donnant la forme originale due à sa nature.

Puis vient un homme qui exerçait alors une grande influence dans le milieu artistique français et qui devait en exercer une toute particulière sur Whistler, Courbet. Les rapports entre Courbet et Whistler ont été très amicaux, avec de la déférence du côté de Whistler. Ils ont passé ensemble deux étés consécutifs, à Trouville, en 1865 et 1866, y peignant côte à côte des plages et des « vues de mer ». L'action de Courbet sur Whistler est évidente, dans les productions de cette sorte. Courbet, qui était bon compagnon et très simple avec ses amis, avait la manie des artistes français de son temps, de railler, de bafouer les bourgeois et de prendre des poses avec eux. Whistler s'était, sur ce point, comme modelé sur lui. Cette façon de poser dans le monde et de s'y abandonner au sarcasme et au persiflage, qui l'a fait si mal juger par tant d'Anglais et d'Américains, lui venait en grande partie de Courbet.

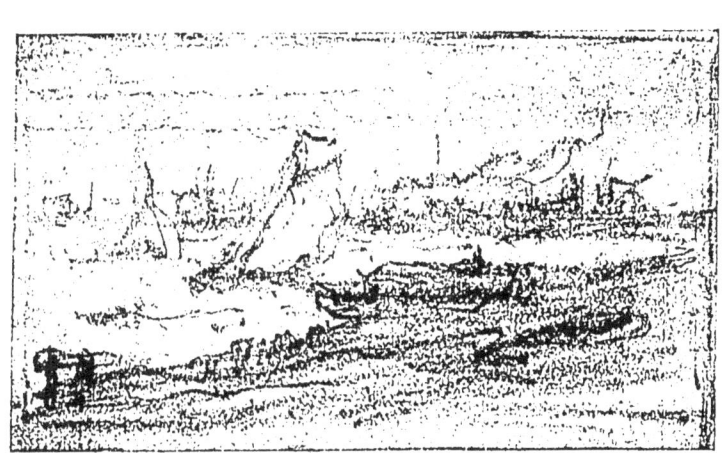

TABLE DES GRAVURES HORS TEXTE

	Pages.
Portrait de Whistler par Boldini.	
Hommage à Delacroix par Fantin-Latour	10
La Fille blanche.	18
Portrait de Drouet, sculpteur.	26
Black Lion wharf	42
Amsterdam	56
Portrait de ma mère	68
Nocturne. Chelsea	82
Nocturne (lithographie)	98
Portrait de Thomas Carlyle	106
Jeune femme dite *l'Américaine*	114
Vue de Venise	122
Portrait de Miss Williams (lithographie)	132
Pastel	138
Portrait de Lady Meux.	152
Portrait de Théodore Duret	162
Portrait du comte Robert de Montesquiou	174
La petite Rose de Lyme Regis	182
La petite Lady Sophie de Soho	190

TABLE DES MATIÈRES

	Pages.
Années de jeunesse	1
A Paris	7
A Londres	25
Arrangements, harmonies, symphonies et nocturnes	45
Les vues de Venise	79
Années de combat	93
Les lithographies et les pastels	119
Le succès	131
Les dernières années	167
Remerciments	198
Le lieu et la date de naissance de Whistler	199
Whistler et Velasquez	203

ÉVREUX, IMPRIMERIE DE CHARLES HÉRISSEY

DU MÊME AUTEUR

Critique d'Avant-garde. — Salon de 1870. — Les Peintres impressionnistes. — Claude Monet. — Renoir. — Édouard Manet. — L'art japonais. — Hokousaï. — James Whistler. — Sir Joshua Reynolds et Gainsborough. — Richard Wagner. — Arthur Schopenhauer. — Herbert Spencer. (Paris, G. CHARPENTIER, in-12, 1885.)

Bibliothèque nationale, département des Estampes. Livres et albums illustrés du Japon catalogués. (Paris, Ernest LEROUX, in-8º illustré, 1900.)

Histoire d'Édouard Manet et de son œuvre. (Paris, H. FLOURY, petit in-4º illustré, 1902.)

Gustave GEFFROY

LA VIE ARTISTIQUE

PREMIÈRE SÉRIE

Le Sarcophage égyptien. — Olympie. — Les Meules de Claude Monet. — Eugène Carrière. — Camille Pissarro. — Raffaëlli, peintre sculpteur. — Meissonier. — J.-B. Jongkind. — Whistler. — Maîtres Japonais. — Salons de 1890 et 1891. — La Manufacture de Sèvres. — Une pensée de Pascal, etc.
Pointe sèche d'Eugène CARRIÈRE.

DEUXIÈME SÉRIE

Le bagne de l'idéal. — Rembrandt. — Holbein. — Auguste Rodin. — Gustave Doré. — André Gill. — Karl Bodmer. — Adolphe Willette. — Jules Chéret. — L'Hôtel de Ville de Paris. — Le Louvre. — Coucy. — Le théâtre d'Orange. — Entrée des danseuses. — Salon de 1892. — Le Symbolisme, etc.
Pointe sèche d'Auguste RODIN.

TROISIÈME SÉRIE

Histoire de l'Impressionnisme. — Avant-propos, Claude Monet. — Camille Pissarro. — Auguste Renoir. — Edouard Manet. — Edgard Degas. — Jean-François Raffaëlli. — J.-L. Forain. — Paul Cézanne. — Berthe Morizot, Mary Bracquemond. — Mary Cassat. — Alfred Sisley. — Armand Guillaumin. — Gustave Caillebotte. — Georges de Bellio. — Salon de 1893. *Pointe sèche* d'Auguste RENOIR.

QUATRIÈME SÉRIE

Dédidace à Michelet. — Le Musée du soir. — Salons de 1894 et 1895. *Pointe sèche* de J.-F. RAFFAELLI.

CINQUIÈME SÉRIE

Les Barbares. — Les Femmes artistes. — Eugène Carrière. — La peinture, la sculpture et l'architecture à l'Ecole des Beaux-Arts. — Opinion d'un évadé. — Trois compositions de Puvis de Chavannes. — L'affiche morale. — Un musée Rembrandt. — De Paris à Berlin. — Salons de 1896 et 1897.
Lithographie de FANTIN-LATOUR.

SIXIÈME SÉRIE

Rembrandt à Londres. — Puget. — Prud'hon. — Fragonard. — Les Vernet. — Goya. — Courbet. — Boudin. — Manet. — Guys. — Burne-Jones. — Gustave Moreau. — Rops. — Les Impressionnistes. — A. Legros. — Daniel Vierge. — Constantin Meunier. — Meissonier. — Puvis de Chavannes. — Artistes nouveaux. — Salons de 1898 et 1899. — Le Balzac de Rodin. *Eau-forte* de C. PISSARRO.

SEPTIÈME SÉRIE

L'Art à l'Exposition. *Eau-forte* de Daniel VIERGE.
Prix de chaque volume sur papier vergé. . . . . 5 fr.

HUITIÈME ET DERNIÈRE SÉRIE

Les Vrais Primitifs. — Le Vinci. — Van Dyck. — Clodion. — Moreau le Jeune. — Debucourt. — Tassaërt. — Bonvin. — Gustave Moreau. — Cazin. — Besnard, Falguière, Dalou. — Salons de 1900 et 1901. *Lithographie* de WILLETTE.

TIRAGE DE LUXE

15 exemplaires sur papier de Chine à. . . . . 20 fr.
15 exemplaires sur papier du Japon à. . . . . 20 fr.

PETITE BIBLIOTHÈQUE D'ART MODERNE

Henri NOCQ. — **Tendances nouvelles.**
Enquête sur l'évolution des Industries d'Art.
Préface de Gustave Geffroy.

Un volume in-12. Tirage sur vélin . . . 2 fr.
Quelques exemplaires sur hollande . . . 5 fr.

André MELLERIO. — **Le Mouvement idéaliste en Peinture.** Frontispice d'Odilon Redon.

Un volume in-12, couverture illustrée.
Tirage sur vélin . . . . 3 fr.
Quelques exemplaires sur hollande . . . 10 fr.

André MELLERIO. — **L'Exposition de 1900 et l'Impressionnisme.**
Couverture de Ranson . . . . 1 fr. 50

Études sur quelques Artistes originaux

OUVRAGES PUBLIÉS

Th. DURET

Édouard Manet.

Petit in-4° carré, illustré de 23 planches hors texte, eaux-fortes, héliogravures, etc., ou planches en couleurs par les procédés les plus récents et les plus perfectionnés, et de nombreuses gravures dans le texte. Cette étude est suivie d'un catalogue de l'œuvre de Manet. Couverture en couleurs.

    50 exemplaires sur japon. . . . . *Édition épuisée.*
    Édition sur beau papier vélin . . . . 25 fr.

Léon MAILLARD

Auguste Rodin, STATUAIRE.

Un volume petit in-4° carré, illustré de nombreux dessins inédits de Auguste Rodin, de gravures à l'eau-forte et sur bois de MM. Ch. Courtry, Léveillé, Lepère, Beltrand, et d'héliogravures en noir et en couleurs reproduisant les œuvres capitales du maitre sculpteur.

    Édition de luxe à 50 exemplaires sur papier du Japon ou vélin de Rives, contenant un double tirage de toutes les gravures. . . . . *épuisée.*
    Tirage sur beau papier du Marais . . . . 25 fr.

Gustave CAHEN

Eugène Boudin, SA VIE ET SON ŒUVRE.

Préface de Arsène Alexandre. — Illustré de : un portrait de Boudin à la pointe sèche par Paul Helleu, d'une eau-forte originale de Eugène Boudin, de huit eaux-fortes de Loys Delteil, et de nombreuses reproductions en héliotypie.

    Tirage à 300 exemplaires.
    N°s 1 à 50 sur japon impérial . . . . *épuisé.*
    N°s 21 à 300 sur beau papier vélin . . . . 25 fr.

Léon MAILLARD

Auguste Boulard (L'ŒUVRE DE)

Illustré d'un portrait de Boulard gravé par Boulard fils, et d'eaux-fortes de A. Boulard, Courtry, Delteil, Faivre et Lefort ; lithographie de Lunois, héliogravure de Arents et nombreux dessins de Boulard père.

    Tirage à 450 exemplaires.
    N°s 1 à 50 sur japon impérial. . . . . *épuisé.*
    N°s 51 à 450 sur vélin du Marais . . . . 7 fr. 50

C. LEMONNIER

Constantin Meunier.

Ouvrage illustré de dix eaux-fortes, dix héliogravures et d'une vingtaine d'autres planches hors texte et d'un très grand nombre de dessins dans le texte. Couverture gravée.

    Tirage à 950 exemplaires.
    50 exemplaires sur japon. . . . . 50 fr.
    900 exemplaires sur vélin . . . . 25 fr.

Henri Boutet, GRAVEUR ET PASTELLISTE . . . . *épuisé.*
Henri Boutet. CATALOGUE RAISONNÉ . . . . 25 fr.

POUR PARAITRE PROCHAINEMENT DANS LA MÊME COLLECTION :

E. RAMIRO. — **Félicien ROPS.**

Avec 25 eaux-fortes hors texte et une grande quantité d'illustrations dans le texte.

Georges RIAT. — **Gustave COURBET** et son œuvre.

Arsène ALEXANDRE. — **Adolphe WILLETTE**, dessinateur, lithographe et peintre.

www.ingramcontent.com/pod-product-compliance
Lightning Source LLC
Chambersburg PA
CBHW052245220526
45471CB00001B/201